Alain Pelosato

Virus et autres pandémies par le cinéma fantastique

Sfm éditions

ISBN 9782915512441
Copyright Alain Pelosato
Dépôt légal mars 2020

Films sur les épidémies, les virus...

Je vous présente ici les chroniques de films qui parlent de près ou de loin de virus et d'épidémies diverses. Sachant qu'il est impossible d'être exhaustif.
Tous ces textes sont extraits de mon livre **« *123 ans de cinéma fantastique et de SF – Essais et données pour une histoire du cinéma fantastique – 1895-2019* »**

Introduction

Le thème de ce recueil est assez complexe. La frontière entre l'épidémie et la monstruosité est parfois difficile à déterminer. Par exemple, les films de zombie. Au départ, il n'était pas question d'épidémie, et à l'arrivée on sait ce qu'il en est ! Le film générique de ce genre est **La Nuit des morts-vivants** de Romero. Dans ce film il n'est pas vraiment question d'épidémie : un satellite explose dans l'espace et les retombées chimiques réveillent les morts. Puis, c'est tout simple, il n'est pas question de virus ou autre chose : quand quelqu'un meurt, son cadavre revient à la vie... J'ai quand même mis dans ce recueil la série

des morts-vivants de Romero, mais pas tous les films de zombies. Dans le film **Nosferatu**, le vampire emmène avec lui l'épidémie de peste. Mais cela n'existe pas dans **Dracula** le roman de Bram Stoker. Sur ces deux thèmes, vous pouvez vous reporter à mon livre **Zombies et autres revenants**. Il en est de même à propos des vampires.
Il en est de même avec le thème **Alien**. Tous les films d'extraterrestre ne concernent pas le thème de l'épidémie, mais le film de Ridley Scott traite bien d'un danger d'épidémie par des parasites. Car l'épidémie concerne les bactéries, les virus et les parasites !
Bonne lecture.

Nosferatu de Friedrich Wilhelm Murnau (1922), la version expressionniste du Dracula de Bram Stoker. On n'a pas fait mieux depuis. Voir le chapitre sur les chefs-d'œuvre. Voici ce qu'en disait Rudol Kurtz, dans son essai *Expressionnisme et cinéma* : « *Murnau [...] tente dans son film de créer l'impression inquiétante de l'atmosphère qui règne sur les esprits à l'aide d'éléments qui ne sont peut-être pas encore de l'expressionnisme en toute connaissance de cause, mais qui apparaissent semblables à ses formes. Cette aventure effrayante que Henrik Galeen avait transcrite de façon magistrale dans son manuscrit, et au cours de laquelle des visions superposées de rats, de bateaux pestiférés, de vampires, de voûtes obscures, de charrettes noires tirées par des chevaux à la vitesse de l'éclair, s'interpénètrent et s'entremêlent de manière démoniaque, échappait d'emblée à une interprétation naturaliste. Murnau en souligna le caractère irréel, sa mise en scène dépendait de visions élaborées avec art, et il réussit à traduire cette horreur que ne peuvent rendre des formes naturelles.* » Voilà le mot lâché : des formes naturelles. Ce qui fait hésiter Kurtz à qualifier ce film d'expressionniste (car pourtant, il l'est) c'est qu'il a été entièrement tourné en décors naturels. Ainsi, le Carfax du roman de Stoker, est, dans Nosferatu, le grenier à sel de Lübeck. Ce qui caractérise ce chef-d'œuvre de l'expressionnisme, c'est que ce courant artistique se traduit dans la manière de filmer (et particulièrement de la lumière, du montage et du cadrage) et non pas des décors naturels, qui sont rendus irréels, justement par l'art de filmer du cinéaste...

Vampyr de Carl Th. Dreyer (1932), les cauchemars de Dreyer emprisonnent le spectateur dans ses propres fantasmes grâce à ce film inquiétant et envoûtant dans lequel le mécène joue le rôle principal de David (ou Allan, ou Nikolas) Gray (ou Grey...). Une vieille femme vampire qui ne craint ni l'ail, ni la croix, ni la lumière du jour... Mais quand sait-on que c'est le jour ou la nuit ? Premier film sonore de Carl T. Dreyer, dans lequel il n'utilise pratiquement pas le son et les dialogues sont presque inexistants. Le regard des personnages, plus particulièrement celui de Gray, sert de langage cinématographique. Véritable itinéraire, la recherche de la vérité par le héros passe par l'ouverture et la fermeture de nombreuses portes de la maison. Le cadrage de l'image ne suffit pas à Dreyer qui en ajoute toujours : cadrage des innombrables portes et fenêtres de la bâtisse, cadrage de la fenêtre du couvercle du cercueil qui permet de voir le visage du mort. Les scènes les plus marquantes du film : le moissonneur avec sa faux sur l'épaule (la Mort ?) filmé de dos, qui agite la cloche au bord du fleuve pour appeler le passeur (des âmes ?), la main squelettique qui tend le flacon de poison et, dans le rêve de Gray, le visage du rêveur mort dans son cercueil. Voir au chapitre des chefs-d'œuvre.

Le Monstre de Val Guest (1955), ce film sut aussi me terroriser lorsque j'étais enfant. Le cosmonaute revenu de l'espace se transforme petit à petit en monstre qui absorbe toute matière vivante, même les cactus. Terreur de l'immensité du cosmos, toujours... Et terreur de la transformation physique comme Lovecraft l'a bien exprimée dans le *Cauchemar d'Innsmouth*, nouvelle qui semble avoir inspiré ce film, le premier de la Hammer.
Suites, toujours avec le professeur Quatermass : en 1957 *La Marque* de Val Guest, et en 1967 : *Les Monstres de l'espace* par Roy Ward Baker. Dans tous ces films, on rencontre l'ambiance de l'œuvre de Lovecraft.

Le Masque de la mort rouge de Roger Corman (1964), cette fois, la Mort rouge est inspirée de Poe. Une épidémie hideuse met fin aux atrocités d'un seigneur sans pitié, serviteur du démon... La couleur, amie de toujours de Corman qu'il sait si bien utiliser, règne en maître dans ce film.

La Guerre des mondes de Byron Haskin) (1953), les Martiens ont trois doigts et ils tuent des Américains par milliers. Une banale épidémie de chez nous aura raison d'eux... Les débuts de l'exploration de l'espace et la guerre froide produisent les nouvelles terreurs des années cinquante.
Steven Spielberg a réalisé un remake en 2005.

La Planète des hommes perdus d'Antonio Marghereti (Anthony Dawson) 1962
C'est le deuxième film de Marghereti. Une curiosité cinématographique.
Musique pompier, dialogues bateau, décors bon marché, effets spéciaux simplistes et jargon scientifique à côté de la plaque. Une bataille spatiale très ringarde.
Un délice ! Très niais. Un film fait avec des bouts de ficelle.
L'histoire : tout indique une attaque extra-terrestre... Un astéroïde a pénétré dans le système solaire et menace la Terre. Ils

envoient un astronef pour étudier le « corps étranger ».

Un scientifique acariâtre présente une théorie « seul contre tous » !

Ce n'est pas sans rappeler une série SF très célèbre, celle du professeur Quatermass.

Je parierais que ce scénario s'en est inspiré. Voici les trois films de la série (films de La Hammer) : **Le Monstre** de Val Guest (1955) – **La Marque** de Val Guest (1957) – **Les Monstres de l'espace** de Roy Ward Baker (1967)

On le voit, les deux premiers sont antérieurs au film de Marghereti, dont le scénario ressemble à celui de *La Marque*...

En supplément le délicieux exposé d'Alain Petit sur la SF dans le cinéma italien...

La Planète des vampires de Mario Bava (1965). Mario Bava réalise ce film avec son fils Lamberto en utilisant les décors de *Hercule contre les vampires* (1961). Avec un budget de misère Mario Bava réalise une œuvre qui est à la source d'autres grands films de science-fiction comme *Alien* (1979) de Ridley Scott et *The Thing* (1982) de John Carpenter, lui-même, remake de *La Chose d'un autre monde* (1951) de Christian Nyby.

Le Cimetière des Morts vivants de Ralph Zucker (1965)

En fait c'est Massimo Pupillo qui a réalisé ce film. Ralph Zucker en est l'un des producteurs qui a tourné quelques scènes pour une version américaine. Pupillo n'a pas voulu le faire et a laissé tomber laissant même la signature du film à Zucker qui a également joué un petit rôle dans *Vierges pour le bourreau* réalisé par le même Pupillo au même endroit et la même année...

Là nous avons un superbe noir et blanc.

Et, oh ! quel plaisir, avec Barbara Steele en châtelaine mystérieuse...

Le titre original du film est *5 tombes pour un médium*.

Un notaire reçoit une lettre étrange pour enregistrer un testament auprès d'un reclus isolé dans un château.

En son absence, son associé s'y rend. Ce n'est pas sans rappeler le début de *Dracula*...

L'expéditeur de la lettre se nomme Jeronimus Hauff, nécromancien redouté de la région.

Comme souvent dans ces films, il y a un étrange domestique qui rôde par-ci par-là...

Ce lieu fut le théâtre, autrefois, d'une terrible épidémie de peste. Les cadavres avaient pollué l'eau. L'eau joue un rôle très

important dans l'histoire, mais c'est un peu tiré par les cheveux.
Il en est question dans une comptine chantée par une apparition près du bassin.
Pas le moindre mort-vivant jusqu'à la fin !
Et encore on ne les voit pas.
Ces films d'épouvante italiens des années 60 sont délicieux.
Les bonus du DVD sont très intéressants : les scènes tournées pour la version américaine et l'interview d'Alain Petit qui apporte une mine d'informations sur ce film et aussi sur *Vierges pour le bourreau* (et vice versa...)

Mutiny in outer Space de Hugo Grimaldi (1965)
Ce film commence par aborder le problème des déchets spatiaux. Quelle plaie !
Il y a, comme toujours, une belle fille, même deux belles filles.
Un vaisseau revient de la Lune avec des échantillons de glace. Il rejoint la station spatiale. Le copilote a des démangeaisons. Il a une espèce de mycose à la jambe.
Il y a une mycose mortelle dans les échantillons de glace provenant de la Lune. Le commandant de la station spatiale devient fou (mal de l'espace !) et l'épidémie se répand dans la station.
Quelle catastrophe !

Très chouette film ! Dommage que les monstrueuses mycoses soient très nulles.

La Nuit des morts-vivants de George A. Romero (1968), film culte, chef-d'œuvre qui ouvre la voie à une nouvelle ère du cinéma fantastique. L'action ne se déroule plus dans de vieux châteaux, mais dans nos espaces quotidiens... Voir au chapitre des chefs-d'œuvre. Les autres films de morts-vivants de Romero : *Martin* en 1977 – *Zombie le crépuscule des morts-vivants* en 1978 – *Le Jour des morts-vivants* en 1985. Tous terrifiants...

Le Peuple des abîmes de Michael Carreras (1968). Je me souviens très bien d'avoir vu autrefois au cinéma la bande-annonce de ce film. Je n'ai jamais oublié la scène qui montre la chaloupe de sauvetage sur une mer d'huile avancer lentement dans le brouillard au milieu d'horribles et gigantesques algues, monstrueuses. Hélas je n'ai jamais eu l'occasion de voir ce film jusqu'à récemment. Et je n'ai pas été déçu par rapport à l'effet qu'avait produit sur moi la bande-annonce. Un très bon petit film sur la mer, les horreurs qu'elle cache ; des aventures fabuleuses... Ces thèmes ont été repris par *Virus* et *Un cri dans l'océan*.

Le Mystère Andromède de Robert Wise (1970), Wise réalise ce film dix ans après West Side Story. Un virus venu de l'espace (transporté par un satellite américain qui s'écrase sur la terre) tue les êtres humains. La nature fait bien les choses : ce virus sera exterminé grâce au gaz carbonique. Cela ne vous rappelle pas quelque chose ?

Frissons de David Cronenberg (1974), *« Le but véritable était de montrer l'immontrable, de dire l'indicible. Je ne pouvais pas proposer ces parasites hors-champ parce que personne n'aurait su ce qui se passait. »* David Cronenberg interviewé par William Beard, Piers Handling et Pierre Véronneau. Ce film raconte le développement et la transmission de parasites qui transforment leurs hôtes en furieux maniaques sexuels. Les parasites croissent dans le ventre de leur victime et s'échangent par le bouche-à-bouche... Avec la merveilleuse Barbara Steele, actrice fétiche de Mario Bava.

Le Massacre des Morts-vivants de Jorge Grau (1974)
Ce film a été tourné 6 ans après la sortie du film *La Nuit des Morts-vivant* de George A. Romero. Plusieurs scènes de ce *Massacre des Morts-vivants* sont tournées de manière à montrer au spectateur que le réalisateur rend hommage à Romero. Il reprend les thèmes de Romero : les morts reviennent à la vie à cause d'une pollution, à cause d'une activité humaine néfaste...

Jorge Grau est espagnol. Le film est une co-production italo-espagnole-anglaise... très vampirisée par les Italiens. Il est sorti en salles dans de nombreux pays et donc affublé de nombreux titres aussi divers que variés.

Venons-en au film.

Le premier plan est très joli avec un beau mouvement de la caméra. Mais le reste ne sera pas toujours du même niveau.

Et puis alors, dès le début, il y a, ah ! Horreur ! une MACHINE qui envoie des ONDES...

Dès le début un petit hommage à Romero avec une jeune femme dans une voiture attaquée par un mort-vivant. Zombie que l'on retrouvera presque tout au long du film.

En général les acteurs ne sont pas bons à part le jeune homme, personnage principal du film, et dans une moindre mesure la jeune femme.

Comme il y a des morts violentes, la police s'en mêle avec un « commissaire » très borné. Ils l'appellent « commissaire »... Est-ce ainsi qu'on appelle ce genre de flic en Angleterre où se situe l'action du film ?

De fait, le scénario est très malin et habile (mais peut-être un peu lourd quand même) et fait en sorte que jamais le flic en question n'aperçoit le moindre mort-vivant, et persiste donc à croire que c'est le jeune le responsable de tous ces morts, victimes des zombies...

L'hôpital a l'air d'un château hanté alors qu'à l'intérieur il est très moderne. On ressent trop bien le tournage en deux lieux différents. Les zombies sont un peu ridicules. Le responsable des effets spéciaux utilise beaucoup les abats d'animaux, et tout cela est plus dégoûtant qu'effrayant. Enfin, les zombies s'enflamment comme de la paille. La fin est trop facile.

Je sais j'entends dire : « mais à cette époque ». Soit ! Le film mérite d'être vu, car c'est le précurseur du genre en Europe... Il sera suivi plus tard des chefs-d'œuvre de Lucio Fulci, qui n'ont, je crois, rien à devoir à ce film. À part, peut-être, *Zombi 3* sorti en 1988 (qui a aussi d'autres titres) dans lequel des produits chimiques zombifient les gens sur une île avec de méchants militaires comme dans *Le Jour des Morts-vivants* de Romero, sorti trois ans plus tôt. Un des plus mauvais films de Fulci... On ne peut pas toujours être bon.

Comme toujours aux éditions Artus films (ici en compagnie de Studiocanal) le supplément est particulièrement intéressant, avec David Didelot, qui récite sans erreur et sans jeter un œil sur un papier son savoir immense sur ce film, le réalisateur et ses acteurs, et sur l'histoire du cinéma bis.

C'est excellent ! C'est donc notre ami David qui dit que ce film est le précurseur des films de zombies... En n'oubliant, comme il l'a dit lui-même, qu'il y a eu avant *La Nuit des morts-vivants*. En fait ce n'est que le deuxième précurseur.

Il y a une scène dans le film (pas très bien tournée) dans laquelle des bébés, semble-t-il contaminés par les radiations de la MACHINE, sont devenus agressifs et mordent le héros... C'est assez original à cette époque. Et c'est la même année, en 1974 que Larry Cohen sort son film *Le Monstre est vivant*, dans lequel une femme enfante d'un bébé monstre qui tue tout le personnel médical dans la salle d'accouchement. Prélude très saisissant, bien au-dessus de ce *Massacre des Morts-vivants*. Ce film de Larry Cohen sera suivi de deux suites et d'un remake bien des années plus tard. Ce thème du bébé monstre va se répandre dans le cinéma de genre comme la peste noire au Moyen-Âge...

David fait également un parallèle avec le film ultra ennuyeux de Jean Rollin *Les Raisins de la mort* tourné en 1978... Là ce sont les produits de traitement de la vigne qui zombifient les morts...

Enfin, bref, revenons à notre film *Le Massacre des Morts-vivants* : il est à voir comme un monument à la gloire du cinéma bis de morts-vivants qui a réussi le tour de force à faire des histoires de zombies, celles qui sont aujourd'hui les plus répandues et les plus regardées dans le genre fantastique...

Rage de David Cronenberg (1976), une jeune femme ayant subi une greffe de peau s'aperçoit qu'elle a désormais besoin de se nourrir de sang, utilisant un appendice qui lui sort sous le bras. Elle vampirise donc les gens en les embrassant et leur transmet la rage. C'est une épidémie, la loi martiale est décrétée... L'angoisse ne se base pas sur des effets spéciaux, mais sur les mises en situation et la couleur rouge de la plupart des scènes. Cronenberg en parlant de son film, refuse de considérer le désordre qui y règne comme un chaos social : « *Mon expérience personnelle de la vie en société ne ressemble pas à celle de* Rabid (Rage) *où les gens se déchaînent dans les rues. Je n'ai jamais vécu cela. C'est donc vraiment un exemple d'un désordre intérieur plutôt qu'extérieur.* » Pourtant... Un film terrifiant.

Zombie le crépuscule des morts-vivants de George A. Romero (1978), « *Quand il n'y a plus de place en enfer, les morts reviennent sur terre pour se* *venger* » (Prophétie vaudou). Quatre personnes enfermées dans un vaste centre commercial assiégé par les morts-vivants. Si vous avez peur, fermez les yeux. Romero a dû supprimer certaines scènes jugées trop violentes.

— Qui sont-ils ? Demande la jeune femme en parlant des morts-vivants.

— Ils sont nous, c'est tout ! L'enfer n'a plus de place !

Nosferatu de Werner Herzog (1979), le réalisateur d'Aguirre rend hommage à Murnau avec ce remake. Quelques légères modifications du scénario donnent une autre orientation à ce film pourtant très proche du précédent. Jonathan (le Hutter de Murnau) ne prend pas une voiture à l'auberge pour se rendre au col de Borvo, il y va à pied. Ce qui permet à Herzog de filmer une nature sauvage et inhospitalière. À la fin, si Dracula (Orlock chez Murnau) meurt, comme dans le premier film, à cause du chant du coq, le professeur, sceptique jusque-là, mais désormais convaincu, lui plante quand même un pieu dans le cœur (méthode jamais utilisée par Murnau) ce qui permet aux autorités de l'arrêter pour assassinat du comte, car il tient dans sa main l'arme du "crime" ensanglantée. Jonathan, vampirisé, prend la place du vampire. *« Il est toujours fécond le ventre qui engendra la bête immonde. »*

Alien de Ridley Scott (1979), ce monstre est devenu une célébrité. Un cargo spatial sur le retour vers sa base reçoit un signal d'alarme provenant d'une petite planète. Une expédition y est envoyée. On y trouve l'épave d'un vaisseau extraterrestre. Dans la soute des œufs attendent, tel le fourmilion, qu'un être passe à proximité. Un des cosmonautes sera attaqué par une larve sortie de l'œuf. Cette larve a introduit un rostre dans son estomac et y a pondu un œuf. Le biologiste du bord qui a fait ostensiblement l'erreur de laisser entrer un passager contaminé soigne le malade. Celui-ci reprend vie, mais un petit monstre sort de son corps lui infligeant une atroce et mortelle blessure. Désormais, c'est une guerre sans merci entre ce monstre et l'équipage qui sera décimé. Seule Ripley, la jeune femme magistralement interprétée par Sigourney Weaver saura terrasser le monstre. Ce film a plusieurs importances : il rompt avec la science-fiction héritière de *2001*, tout axée sur le développement technologique et ses répercussions, et renoue avec le style de l'écrivain Lovecraft qui a su, justement, allier la science et les techniques à de profondes et archaïques pulsions de la vie. Ainsi, le monstre d'Alien est-il proprement lovecraftien, et son créateur, Carlo Rambaldi, semble bien s'être inspiré des monstres de l'écrivain américain. Enfin, l'action prend toute son importance et sert à montrer du doigt les horreurs que l'on ne voit pas, mais que l'on nous fait deviner hors-champ, comme cette scène de recherche du chat dans les soutes du vaisseau spatial. Le scénario développe une argumentation serrée : si ce monstre a été introduit dans notre univers, c'est de la faute aux dirigeants de la compagnie et de la société des hommes qui ont organisé cette introduction par l'intermédiaire du biologiste médecin qui n'est qu'un robot à leurs ordres. Quatre suites à ce jour : *Aliens, le retour* de James Cameron (1986), *Alien 3* de David Fincher (1992), *Alien la résurrection* (1997) de Jean-Pierre Jeunet et *Alien contre Predator* de Paul Anderson (2004). Jusqu'à Alien 4, les films sont interprétés par Sigourney Weaver.

L'enfer des zombies de Lucio Fulci (1979). Sorti la même année que le *Zombie* de George Romero, ce film avec son titre original de *Zombi 2* veut se présenter comme sa suite... D'ailleurs, Fulci – le maître italien de l'horreur – réalisera *Zombi III* ... Le prologue du film est le même que celui de *Zombie* : quelqu'un tire une balle dans la tête d'un cadavre ficelé dans son drap mortuaire et qui semble reprendre vie. Puis, on voit plusieurs plans qui rappellent ceux du *Nosferatu* de Murnau : un voilier sans équipage s'approche d'un port. Ici, c'est New York. D'ailleurs, le scénario ressemble à celui de *Nosferatu* : avec ce voilier arrive une terrible épidémie... Le plaisir de la chair est poussé à son comble par la consommation des êtres vivants par les morts. Le monstre (qu'on ne voit pas, mais le cinéaste nous fait entrevoir au loin des silhouettes titubantes...) est derrière la porte. Et il y a même un mort-vivant sous-marin qui mange un requin vivant ! Une scène unique dans les films de ce genre... La dernière scène (les morts-vivants sur le pont de Brooklyn) annonce le film de Romero, et surtout, le dernier de la trilogie du réalisateur américain : *Le Jour des morts-vivants* (1985 – voir ci-dessous) et surtout *Zombi 3* de Fulci. *L'Enfer des zombies* passé à la télé a été amputé de quelques scènes certainement jugées trop gores (si mes souvenirs sont bons...) Les maquillages sont loin de valoir ceux de Tom Savini... mais le film est excellent ! Contrairement aux films de Romero qui suscitent une réflexion métaphysique sur l'avenir de l'espèce humaine, ceux de Fulci traitent notre chère humanité en dérision avec le style du Grand-Guignol...

The Thing de John Carpenter (1982), remarquable remake plein d'action, d'horreur et de suspense de *La Chose d'un autre monde* (1951). L'idée du chien qui transporte la Chose dans son corps a été reprise dans *Alien 3* et *Hidden*. Carpenter, très influencé par Lovecraft, reprend le thème de l'horreur interne qui débouche sur la transformation physique. D'ailleurs le roman de Campbel dont est tiré ce film doit vraisemblablement son inspiration au petit roman de Lovecraft : *Les Montagnes hallucinées* dans lequel des archéologues découvrent sur le continent antarctique les corps gelés d'Anciens qui reviennent à la vie après avoir été décongelés....

Le Jour des morts-vivants de George A. Romero (1985). Ce film magnifique (et terrifiant !) rassemble tous les genres : horreur et terreur, science-fiction, fantastique et métaphysique, etc. Seule la PEUR est le véritable héros de ce film. Sarah, la seule femme du groupe, est également la seule courageuse. Le monde inventé par Romero descend à toute vitesse la pente savonneuse de la disparition de l'espèce humaine. Sans rémission. Terrifiant ! Il donne une vision atroce de la MORT, telle qu'elle doit être en réalité... « *Ils apprennent... ils apprennent la méfiance.* » Déclare Sarah à propos des morts-vivants. « *Ils marchent à l'instinct* ». Ajoute le docteur Logan « Frankenstein », le dépeceur de morts-vivants. « *Mais qui sont-ils ?* » Questionnait la fille dans *Zombie*. Logan essaie de le savoir au prix de scènes gore qui sont une anthologie. L'espèce qui va supplanter l'espèce humaine dont elle est issue ? « *Eux, c'est nous. [...] La seule différence est qu'ils fonctionnent moins bien.* » Répond Logan. Voilà une belle analyse de la folie. Le docteur fait des expériences sur un mort-vivant. Il lui offre des objets, car il veut donner à ces créatures le comportement social. « *La civilité mérite bien une récompense...* »

Les tensions internes du groupe de survivants est le moteur du processus de sa propre destruction. C'est l'image de l'espèce humaine... « *C'est là qu'est le problème dans le monde, chérie...* » Déclare le Noir à Sarah. Belle lucidité pour le seul personnage masculin positif. Le capitaine, lui, est un salaud : le seul moment où il est humain, il prend de mauvaises décisions. « *Je sais maintenant quel visage avait le diable !* ». Ce film est l'essence même du fantastique : il montre une déstructuration du réel que même la science (représentée par Logan) ne peut comprendre.

Body Snatchers d'Abel Ferrara (1993)
Don Siegel avait plus ou moins détourné les propos de l'écrivain Jack Finney en faisant de l'histoire une allégorie anticommuniste...
"Invasion" est un peu raté. Mais il mérite d'être vu.
Un peu raté parce que bâclé. On sent que quelque chose n'a pas fonctionné dans la fabrication du film.
La première demi-heure est ennuyeuse. Au lieu de montrer des images pour faire monter la tension et apporter des explications au spectateur, le cinéaste montre des dialogues assez conventionnels, on croirait une explication de textes... Et au milieu de tout cela, on nous montre des scènes de la vie quotidienne qui donnent envie de quitter la salle de cinéma comme, par deux fois, des gros plans sur le feu allumé d'une cuisinière à gaz...
Cette partie du film rend hommage à une nouvelle de Philip K. Dick *"Le Père truqué"*, le même genre d'histoire que "Body Snatchers" de Jack Finney, et je me suis toujours demandé si ce dernier ne s'est pas inspiré de Dick pour écrire son livre, car la nouvelle a été publiée avant le roman...

Nicole Kidman, toujours aussi bonne actrice, est beaucoup trop lisse, beaucoup trop couche moyenne ayant beaucoup à perdre pour rendre crédibles son courage et son obstination.

Contrairement à l'histoire originale, ici (X-files et le complot est passé par là ! quand on sait que Joe Silver a produit ce film...) le gouvernement prend une lourde responsabilité de cacher cette invasion par un virus intelligent extraterrestre. On surfe sur la vague de la grippe aviaire et pour ceux qui n'auraient pas compris on insiste lourdement via des images d'infos à la télé sur l'Institut National de Veille Sanitaire (INVS) dont on parle beaucoup depuis quelque temps dans notre monde réel. Mais en fin de compte, contrairement à ce que dit le producteur, ici aussi nous avons affaire à une allégorie anticommuniste puisque Ben, lorsqu'il a été contaminé déclare : « Notre monde est un monde meilleur »... Autrement dit, ce virus c'est comme une idéologie... Il y a aussi une critique implicite des traitements psychiatriques (Le personnage joué par Kidman est psychiatre) et un des contaminés ne se prive pas de faire remarquer à la psychiatre que ce qu'ils sont devenus n'est pas autre chose que ses malades traités par des anti psychotiques...

Ici, comme dans les précédents films, nos héros ne doivent pas s'endormir quand ils ont été infectés, mais les "infectés" vous dégueulent dessus pour vous contaminer. C'est pas très élégant.

La manière de filmer est assez décalée puisque souvent (mais selon un rythme inexistant...) on nous montre des scènes anticipées. Cette répétition est déstabilisante.

Les Maîtres du monde de Stuart Orme (1994), des extraterrestres montent sur le dos des gens, pénètrent leur cerveau pour en faire des *Marionnettes humaines* (Titre du roman de R. A. Heinlein dont est tiré le film). Coktail de reprises d'autres films : l'œuf d'Alien, l'acteur (Donald Sutherland) et les zombies de *L'invasion des profanateurs de sépulture,* etc.

L'armée des 12 singes de Terry Gilliam (1996), le réalisateur de *Brazil* a réalisé ce film de voyages dans les temps de fin du monde. James Cole ne sait plus où il en est... Quel est ce rêve ? Qui est cet enfant qui assiste à la mort violente d'un homme dans le hall d'un aéroport ? ... Film inspiré de *La Jetée* de Chris Marker. Après le virus qui a tué cinq milliards d'êtres humains, la société des rescapés est un mélange de barbarie et de technologie avancée. James Cole est envoyé dans le passé, avec une mission relativement obscure, et ses envoyeurs font des erreurs de destination. Il passe facilement pour un fou à l'époque où il atterrit. Il se retrouve enfermé dans un asile psychiatrique : un tunnel aux murs blanchis à la chaux. À la télé, placée très haut, inaccessible, on passe Tex Avery et les Max Brothers... Les scènes d'agitation de Jeffrey, magistralement interprété par Brad Pitt, sont saisissantes. Un clochard effrayant prononce des avertissements de schizophrène qui sonnent pourtant juste aux oreilles de James Cole (interprété par Bruce Willis). La psychiatre finirait presque par convaincre James qu'il est fou, puis il fait semblant de l'être pour ne plus retourner dans le futur... Or, c'est le psychiatre qui décide de ce qui est vrai ou de ce qui est faux. Comment savoir ? De toute façon, il vaut mieux être fou que de supporter la réalité. Il y a aussi des extraits des films *Vertigo* (*Sueurs froides*) et *Les Oiseaux* d'Hitchcock...

Alien la résurrection de Jean-Pierre Jeunet (1997), dans une station spatiale, un médecin fait renaître Ripley et son monstre grâce aux manipulations génétiques (encore !). Contrairement à ce que dit J.P.

Jeunet dans ses nombreuses interviews, je trouve que l'influence d'Hollywood est manifeste. Une fois de plus la Terre est menacée par les monstres. L'ambiguïté de la nature de Ripley (monstre ou être humain ?) n'est pas très bien rendue : il est dommage que la dernière scène qui suggère un accouplement avec le monstre ait été édulcorée, ne signifiant pratiquement plus rien ... Quant aux yeux du nouveau-né, il faut avoir lu un article sur le film pour voir que ce sont ceux de Ripley... Il y a quand même un peu de Jeunet dans ce film grâce aux acteurs et au directeur de la photo. Humour noir : le soldat attaqué par-derrière par un monstre sourit niaisement et ramène de derrière sa tête avec ses doigts un morceau de sa cervelle. Le pirate de l'espace descend un alien et sursaute devant une petite araignée... « *Tu es programmée pour être une conne ?* » Questionne Ripley en s'adressant à Call la jolie robot. C'est dans ce film que l'alien est le plus lovecraftien, dès les images du générique qui montrent en gros plan les parties des corps des sept autres mutants ratés avant Ripley. Un scénario faible, beaucoup d'action et la bête a perdu tout son mystère, car on en voit les moindres détails...

Blade de Stephen Norrington (1998). De la techno et du sang... Le scénariste, David S. Goyer, déclare avoir découvert le personnage de Blade dans un comics : *Tomb of Dracula...* À partir de là un nouveau personnage est né.

Les chasseurs de vampires plaisent aux producteurs. Dans ce film, fort bien réalisé, avec des effets spéciaux au service de l'histoire, on donne des explications "scientifiques" au phénomène du vampirisme. Il y a beaucoup de bagarres (il faut donc aimer cela au cinéma...) et le scénario ressemble un peu à celui du *Cinquième élément* de Luc Besson... À part cela, on passe un bon moment sans s'ennuyer, et on retrouve bien notre plaisir d'adolescent en train de lire une bonne vieille BD ! Si on a vieilli trop vite, tant pis !

Resident evil de Paul Anderson (2001). Superbe ! Une mise en scène superbement haletante. Des morts-vivants pas décevants (Pas étonnant avec du Romero sous-jacent...) Un suspens insupportable. Et puis la belle des belles... « *Jamais rien ne changera* », déclare un personnage. Un gore gothique dans un décor high tech ! Fallait le faire... Contrairement à d'autres, j'avais déjà aimé *Event Horizon* d'Anderson. Le réalisateur se confirme donc dans ma cote personnelle.

Blade 2 de Guillermo del Toro (2002). La suite (voir ci-dessus). Les bagarres sont d'une précision et d'une vitesse inouïes, dignes de bagarres de vrais vampires. Le cinéaste mexicain nous ravit toujours avec son tournage très personnel, mais pas autant que d'habitude because faut faire des entrées... Ils ont quand même inventé un nouveau monstre, une nouvelle espèce de vampire, mélange des morts-vivants de Romero, de Nosferatu et du monstre de Predator. Vraiment terrifiants, mais c'est comme tout : on finit aussi par s'habituer.

Shaun of the Dead d'Edgar Wright (2003), est un film de zombies comique. Très réussi. Il va devenir culte, car c'est un film de zombies qui ne fait pas peur. Il est bourré de références à l'œuvre de Romero. Mais ce n'est pas du copiage, c'est au contraire une vraie adaptation comique de scènes terrifiantes de la trilogie de Romero. On ne s'ennuie pas une minute même si les préliminaires durent un peu trop longtemps. La fin est très destroy ! Elle va en contre-pied du film de Spielberg qui déifie la famille ; ici c'est les copains d'abord !

Blade Trinity de David Goyer (2004), le réalisateur fut scénariste des deux premiers *Blade* et il faut bien le dire ce type a beaucoup d'imagination. Dans ce troisième opus bien réussi, on jubile devant ces combats filmés avec une musique qui vous donne envie de participer au ballet. Les acteurs sont excellents particulièrement les vampires très bien interprétés surtout par la jolie brune qui porte très bien la dentition vampire et compose une démarche plus que féline.

Dans la série des Blade, il est question d'un virus chez les vampires...

Virus de John Bruno (1998). Les cyborgs sont de retour ! Un merveilleux film d'horreur de science-fiction. Le must du fantastique. Un film où on ne s'ennuie pas une minute, à base de problèmes scientifiques, dans un lieu clôt, ici, un bateau abandonné... Avec le grand Donald Sutherland qui n'a jamais craint de jouer les méchants. Un spectacle bien filmé, bien monté, avec d'excellents effets spéciaux, d'excellents acteurs. Les images de tempête dans l'océan sont magnifiques et parfois plus terrifiantes que les monstres. Ces derniers sont également magnifiques dans leur horreur. L'équipe traditionnelle d'aventuriers est au complet : le trouillard, celui qui ne croit pas aux petits hommes verts, le traître, celui qui devient fou... Cette équipe à la recherche d'un trésor dans un milieu ultra hostile (le navire abandonné) me fait songer au magnifique western *Le Jardin du diable* (1954) d'Henry Hathaway. Là le milieu hostile était la montagne et le danger les Indiens... Tout le monde sait qu'aujourd'hui, ce sont les extraterrestres qui ont remplacé les Indiens dans le cinéma moderne américain. La station spatiale Mir est investie par une entité extraterrestre énergétique et transmet son signal au navire russe qui est un relais spatial sur l'océan. Quelques citations : « *On est des pièces pour lui.* » – « *La chose venue de Mir a besoin de courant...* » Les deux composantes de la terreur prométhéenne des écologistes est la source de l'horreur présente sur le navire : l'énergie électrique et l'informatique... Ainsi, l'atelier de montage des cyborgs est proprement stupéfiant, car il renvoie, dans l'esprit du spectateur aux lignes de montage robotisées de l'industrie automobile... Le film finit par un cauchemar, mais les dernières paroles sont : « *On s'en est sorti !* »

Undead de Michael et Peter Spierig (2002). Les morts-vivants envahissent de nouveau notre écran : avant ce petit film excellent venu d'Australie, nous avions eu *28 jours plus tard*, et ensuite *L'armée des morts...* (Voir liste de films à thèmes : « Morts-vivants ») Ce film est très bien avec un scénario bien ficelé et les thèmes classiques des morts-vivants et des extra-terrestres tout à fait ironiques. Un hommage grinçant à tous les clichés du genre : ce sont toujours les beaufs qui sont les plus terrifiants ! Un petit régal... Un petit film australien qui reprend (volontairement) tous les clichés du genre pour à la fois s'en moquer gentiment et leur rendre hommage. Et à chaque fois également le cliché en question ne donne pas du tout ce qu'il donnait dans les films à qui celui-ci rend hommage... En ce qui concerne les extraterrestres, je ne vous dirai pas ce qu'ils viennent faire ici pour ne pas déflorer le sujet...

28 jours plus tard de Danny Boyle (2003). Un petit remake du *Jour des morts-vivants* de Romero avec une fin plus optimiste... Survivre est le thème central du film. Pour survivre, il faut tuer. Le rythme est très lent, les plans sont très recherchés, fouillés, les couleurs à dominante rouge excitent le spectateur sans qu'il puisse résister. Film assez éprouvant, mais pas autant que la série des *Morts-vivants* de Romero.

Resident evil : apocalypse d'Alexander Witt (2004), deux très belles filles, une blonde et une brune (Milla Jovovich, Sienna Guillory) sacrément efficaces contre les morts-vivants et divers monstres, une action bien menée et des effets spéciaux superbes. Que demander de mieux ? Et un respect absolu du jeu vidéo dans le scénario. Quel plaisir ! Ce film est produit par Paul Anderson, le réalisateur du premier opus.

Alien Vs Predator de Paul Anderson (2004), superbe ! On ne s'ennuie pas une minute. Des décors fantastiques, des acteurs à la hauteur servent un scénario très habile qui mêle de la nouveauté et un respect de la "tradition" des deux créatures allant jusqu'à reprendre quelques idées des opus précédents. Un petit hommage au début au "Frankenstein" de James Wahle dont on voit une scène sur l'écran de la télé que regarde un technicien dans une scène du début. Et puis la première scène est stupéfiante (tant pis pour les spectateurs qui discutent au début sans regarde le film), car elle montre un certain angle de vue d'un objet dans l'espace qui représente la reine des aliens et quand l'objet passe devant la caméra il ne s'agit que d'un satellite. Cette illusion due à la magie du cinéma a toute son importance pour la suite... Le film est trop court...

L'armée des morts de Zack Snyder (2004). Le remake du *Zombie* de Romero souvent imité et jamais égalé...jusqu'à maintenant ! Ici il y a du nouveau : l'histoire a changé, les morts-vivants courent vite, et le film est excellent. Cela se passe toujours dans un centre commercial. On pouvait craindre le remake d'un tel film, mais cette fois on est autant terrifié qu'avec l'original, mais terrifié d'une autre manière ! Le scénariste a adapté l'histoire à notre époque et le cinéaste montre de réelles qualités. Pour le maquillage des zombies, l'équipe de David LeRoy Anderson a effectué des recherches en utilisant de véritables photos de cadavres obtenues des services de police : « *Nous avons étudié l'apparence des cadavres, l'évolution des traumatismes violents dans le temps. Nous avons ainsi pu définir une échelle d'apparence suivant le temps écoulé depuis le décès. Cela nous a conduits à créer trois types de morts-vivants : le premier type regroupe ceux qui en sont morts que depuis quelques heures. Le corps est raide et la peau pâle, les yeux sont cernés, mais l'apparence et les vêtements sont encore* intacts. Le sang est fluide, les éventuelles plaies sont humides. Le second type présente des traces d'altération des tissus, les chairs commencent à se décomposer, la peau est plus sombre, des zones bleutées et verdâtres apparaissent, le sang est plus épais, plus sombre aussi. Le troisième type révèle certaines parties du squelette, les chairs tombent, les vêtements sont en lambeaux, les visages méconnaissables » Ken Foree, Scott H. Reiniger et Tom Savini (héros du *Zombie* de George A. Romero) font une apparition hommage dans *L'armée des morts*, le premier dans le rôle d'un télévangeliste, le second dans l'uniforme d'un général et le troisième en shérif spécialiste des zombies. Ken Foree reprend l'une de ses répliques du film original : "Quand il n'y a plus de place en enfer, les morts reviennent sur terre" ; Tom Savini, qui fut le maquilleur génial du dernier film de la trilogie, *Le Jour des morts-vivants,* et réalisateur du remake *La Nuit des morts-vivants* (1991) reprend ainsi une scène télévisée vue dans *La Nuit des morts-vivants* en hommage à Romero bien sûr... La scène des deux bus "renforcés" entourés de milliers de zombies filmés du haut du ciel restera comme une anthologie du film d'épouvante, car elle contient toutes les terreurs de l'Homme...

Le Territoire des morts (Land of the Dead) de George A. Romero (2004). Avec ce film, Romero, vieilli et malade, se remet derrière la caméra pour rénover le film de zombies. Et croyez-moi, c'est un spécialiste pour faire d'un film de zombie une vraie parabole politique !

À la fin de *La Nuit des morts vivants* on se prend de pitié pour les zombies. Ici, Romero développe ce sentiment : il fait de ces créatures des êtres pour lesquels on peut avoir de la compassion. Dans ce film chacun a ses motivations, personne n'est foncièrement méchant. Seuls les actes sont à juger. Et même le plus odieux de tous les personnages juge son propre acte.

On pourrait faire une analyse de classes (au sens marxiste du terme) de ce film : il y a le pouvoir capitaliste (le dictateur « a des parts partout... »), les couches qui profitent des miettes (les habitants de la tour), les parias de la société (les banlieusards) et les moins que rien (les zombies). Chacun joue sa carte dans une incroyable et terrible relation dialectique dans ce monde - somme toute complexe - que nous présente ce cher Romero.

Il rend un hommage appuyé à John Carpenter dans sa manière de filmer l'action (notamment avec les véhicules) et lance quelques clins d'œil de mépris pour l'espèce humaine. Les feux d'artifice hypnotisent les zombies, car cette réaction leur reste du temps où ils étaient humains...

Quelques scènes vont devenir anthologiques : celle de l'émergence des zombies de l'eau, la masse des zombies dévorant les humains derrière la clôture électrifiée.

« J'aimerais trouver un monde sans clôtures » déclare le héros dans le film.

Tom Savini (le génial maquilleur des zombies) joue encore dans ce film (Machete Zombie).

Les acteurs sont excellents et particulièrement Dennis Hopper.

Quelques autres titres à imaginer pour ce film : *Sympathy for the zombie* ou *Zombies revolution*...

« Ils cherchent un endroit où aller. Comme nous... »

Le Jour des morts-vivants 2 d'Ana Clavell (2005)

Titre anglais (USA) : Day of the Dead 2 : Contagium.

Ce téléfilm se réfère à la quadrilogie de Romero. Il en reprend toute la substance : l'horreur est en marche, elle se développe et quoi que vous fassiez, rien ne l'arrêtera, au contraire à chaque fois que vous intervenez vous ne faites que l'accentuer.

Dans ce film les morts-vivants parlent et sont conscients : comme le dit l'un d'eux, « ils sont une famille »... La voix off disserte sur l'immortalité... Mais le prix de cette immortalité-là est affreux, horrible. Ce téléfilm mérite d'être vu, car il s'inscrit très bien dans la quadrilogie des morts-vivants de Romero.

Tale of Vampires d'Ander Banke (2006)
Ce film suédois de 2006 profite de la longue nuit d'hiver au nord de ce pays, nuit qui dure un mois ! Une espèce de paradis pour les vampires : il fallait y penser.
Il reprend le même genre de scénario que *Le Retour des morts-vivants 2 (1984)* de Dan O'Bannon : la maladie se répand et rien ne pourra l'arrêter jusqu'à ce que tout le monde soit infecté... Ici la maladie en question est le vampirisme et, comble de l'ironie, c'est d'un hôpital qu'elle va infecter toute une ville.
C'est un film pas mal du tout. Bien sûr, si on n'aime pas les histoires de vampires et la violence...
Le prologue est excellent et il constitue le message du film : la guerre est à l'origine de tous nos maux, même le vampirisme !
Mais pas de panique : on s'amuse bien en regardant ce film...

(Sur le même thème, adaptation d'une BD, voir le film *30 jours de nuit* plus loin.)

Isolation de Billy O'Brien (2006)
« Dans la campagne on ne vous entend pas crier. »
Ce film SF d'horreur a obtenu le grand prix du festival Fantastic'arts de Gérardmer en 2006. Et il le mérite bien.
Figure-vous que Billy O'Brien réussit à vous faire peur dans une ferme irlandaise pleine de vaches... Il faut le faire ! Une mutation due à des manipulations génétiques engendrant un monstre.
Les références à *Alien le 8ᵉ passager* sont nombreuses et sérieuses. La ferme, lieu clos, mais complexe, est claustrophobique et le monstre circule dans les canalisations à purin. Mais ne riez pas et achetez le DVD ou regardez-le quand il passe à la télé : c'est un vrai chef-d'œuvre...
C'est filmé avec grand art, de manière efficace, chaque plan est surprenant et la gestion du silence et de l'attente est formidable pour créer la peur... Ce genre de film est très difficile à faire. En général, pour contourner la difficulté, le réalisateur utilise le comique et le grand guignol, ce qui est assez facile. Mais ici, Billy O'Brien n'a pas choisi la facilité et il a parfaitement réussi.

The Host de Bong Joon-Ho (2006)
Ce film coréen est un bijou. Il traite une histoire de monstre de manière originale. Ici, une espèce d'énorme poisson-chat terriblement vorace et dangereux.
Ce monstre est le fruit d'une mutation due au déversement dans le fleuve d'une grande quantité de formol ; déversement exigé par un médecin légiste américain au début du film. Ce film est antiaméricain, mais cet antiaméricanisme est traité, disons, par-dessus la jambe. C'est une forme d'ironie envers l'antiaméricanisme des films de monstres japonais. De même, ici le monstre vient du fleuve et non de la mer. Les USA sont à l'origine du monstre donc, mais aussi, ce sont eux qui perturbent complètement la lutte contre cette abomination par leur obsession de l'épidémie virale.
Il est l'occasion de célébrer l'individualisme et l'initiative personnelle face à la bureaucratie de l'État. C'est un peu traité comme un western, mais sans que les héros ne soient des surhommes, au contraire, ils sont parfois bien pitoyables.
Mais attention, en ce qui concerne l'horreur, ce film reste sans concession : rien ne sera épargné à nos héros attendrissants...

28 semaines plus tard de Juan Carlos Fresnadillo (2007)

Par le réalisateur de l'excellent *Intacto.* La suite de *28 jours plus tard* de Danny Boyle. Une accumulation de scènes zombiesques violentes qui se succèdent. Les soldats de l'oncle Sam présentés sous un très mauvais jour... alors qu'ils font ce qu'ils peuvent pour la survie de l'espèce humaine...

Le prologue du film est si violent et réaliste que le spectateur retient son souffle. Il ne fait que rappeler ce qui s'était passé 28 semaines auparavant...

Resident Evil : Extinction de Russell Mulcahy (2007)

Alice au pays des zombies qui sont de plus en plus nombreux et l'espèce humaine menace de s'éteindre. Le troisième volet des films adaptés du jeu vidéo. Mila Jovovich est toujours aussi pimpante ! Et les zombies toujours aussi dégoûtants...

Ce film rend hommage à bien d'autres : tous les films de Romero d'abord avec un pillage appuyé de son dernier *Land of the Dead*, mais aussi *Les Oiseaux* d'Hitchcock, *Mad Max*...

Le méchant docteur Isaacs est encore plus méchant (comment est-ce possible ?) et la scène de la dernière cigarette au milieu des

morts-vivants va devenir une scène d'anthologie du cinéma.
Un film excelle à condition d'aimer les morts-vivants et le gore. On ne peut pas reprocher à ce film de les montrer, car c'est le sujet du film !

The Zombie Diaries (Journal d'un zombie) de Kevin Gates et Michael Bartlett (2006)
Ce film produit en 2006 est distribué en DVD en 2009.
Bien avant les *Cloverfield, REC et Diary of the Dead*, il utilise le procédé de montrer des images comme si elles avaient été filmées par un vidéo amateur. Au début on se demande si on ne va pas être lassés, mais très vite, on rentre dans le film, car ici c'est vraiment réussi. Le fait d'être filmé de cette manière n'ennuie pas le spectateur. C'est si bien fait que l'on s'y croit, on a l'impression de vivre avec tous ces gens au milieu des zombies.
On voit les aventures terribles de trois groupes différents alors qu'une épidémie de virus zombifiant les gens se répand en Angleterre. On verra également que le plus terrible reste encore la cruauté humaine.

Je suis une légende de Francis Lawrence (2007)

Une adaptation du livre homonyme (1955, première édition française) de Richard Matheson.

Avant il y en avait eu deux autres : *Je suis une légende* de S. Salkow et U. Ragona (1964), un excellent petit film joué par le prodigieux Vincent Price, film dont Romero s'est sans doute inspiré pour son *La Nuit des morts-vivants* (ce film de Romero est le fruit de bien des inspirations cinématographiques) et *Le Survivant* de Boris Sagal (1971) qui est très lourd et tout le fantastique a été sorti de cette histoire à dormir debout... Je ne sais pas ce qu'en aurait pensé ce pauvre Richard Matheson...

Dans le film de Lawrence, les effets spéciaux rendent les "vampires" plus effrayants.

Une épidémie (ici on donne au début une explication "scientifique" de son origine, ce qui est tout à fait inutile...) transforme tous les humains en vampires assoiffés de sang, sauf quelques-uns qui sont immunisés, comme notre héros. Pour une fois Will Smith ne fait pas le cabotin.

Au-delà de la réalisation plus que correcte, c'est l'histoire elle-même, donc le génie de Matheson, qui donne toute sa puissance à ce film...

Zombies Strippers ! de Jay Lee (2007)
Avec deux acteurs emblématiques : Jenna Jameson, la star des stars du porno et Robert Englund le cultissime interprète de Freddy. Rien que pour la réunion de ces deux icônes du ciné bis le film mérite d'être vu. Mais il a bien d'autres qualités !

Dans un futur proche, Bush a été élu pour la quatrième fois et les USA qui sont en guerre partout dans le monde manquent de soldats. L'armée a découvert un virus qui permet de faire renaître les morts.

Ça finit par poser un problème et un commando est sollicité pour nettoyer le centre de recherche des zombies qui l'infestent. L'un d'entre eux est mordu et s'évade. Il arrive dans une boîte de strip-tease. Très amusants les rapports entre les filles. Au milieu il y a Robert Englund qui a peur des filles à cause de l'herpès ! La vedette des strip-teaseuses lit Nietzsche.

Ça commence donc comme un film pour mecs avec un défilé de très belles filles dénudées.

Ensuite… eh bien, le mort-vivant consomme la star qui devient une morte vivante et ainsi de suite. On connaît la musique hein ?

On assiste à une danse de mortes vivantes bien au-dessus de toutes les danses macabres jamais vues au cinéma. La "belle" morte vivante croque donc les mecs en commençant par la partie de leur anatomie à laquelle ils tiennent le plus... La fille devenue zombie continue de lire Nietzsche et dit : « Maintenant ça a tellement plus de sens ! »

Il y a quelques belles scènes gore et une séance de jet de boules de billard lancées par le vagin !

Ce film irrespectueux est vraiment craquant.

Le Jour des Morts de Steve Miner (2007)
Ce film est présenté comme le remake du deuxième film de la première trilogie de Romero : *Le Jour des morts-vivants* (1985)

Cette même année 1985, Steve Miner sortait son film *House*, dont le succès engendra plusieurs suites.

Nous avons fait la connaissance de Steve Miner quand il a réalisé deux des films de la série *Vendredi 13* : *Le Tueur de Vendredi* (1981, le deuxième de la série) et *Meurtres en trois dimensions (Le Tueur du vendredi 2)* (1982, le troisième de la série). Pas mal non ?

Puis il a réalisé *Warlock* en 1991 qui a connu aussi des suites (deux je crois, dont la 3 à la TV...)

En 1998 il a réalisé ce qu'on avait cru être l'ultime film de la série Halloween : *Halloween 20 ans après*... Mais il y en a encore eu un autre après !

Il a aussi été réalisateur de quelques séries télé...

En 2007, voilà notre Steve Miner qui s'attaque à ce remake. Il n'a pas été le seul...

Ce film n'est pas placé dans le même contexte que celui de Romero dans lequel la Terre a été complètement envahie par les zombies et il ne reste qu'une équipe de survivants. Ici, c'est le contraire, l'infection règne dans un bled isolé du reste du monde par l'armée.

Les ingrédients du film de Romero sont donc ici : l'armée, l'expérience scientifique et les restes d'humanité des zombies.

La fille s'appelle aussi Sarah et le docteur fou, Logan, comme dans le film de Romero. Le déclenchement de l'épidémie est foudroyant et très bien rendu. Assez terrifiant. Les zombies sont très rapides, très acrobates, on en voit même un marcher à quatre pattes au plafond ! Difficile d'y échapper !

Ils savent tirer au fusil, enfin plus ou moins, quand ils sont zombifiés le fusil à la main, et ils parlent !

Steve Miner est un très bon artisan. C'est un bon film...

Aliens Vs Predator : Requiem de Colin Strause, Greg Strause (2007)

On se souvient qu'à la fin du film *Aliens vs Predator*, un Predator était reparti mort dans son vaisseau, mais infecté par un Alien.

Ce film commence à ce moment-là : l'Alien naît, c'est un hybride Alien/Predator, donc redoutable. Il tue les passagers du vaisseau qui retombe sur Terre. Dans le vaisseau il y avait des larves d'Alien. Elles sortent et commencent à infecter un chasseur et son fils... Un Predator a été prévenu du drame et se rend sur Terre à la chasse à l'Alien.

Que le massacre commence !

On peut essayer de s'intéresser aux amourettes, bagarres entre jeunes et autres scènes de la vie quotidienne de cette petite ville, mais ce sont les monstres qu'on veut. Bien que la jolie blonde n'est pas désagréable à regarder.

Dans ce film ils n'ont même pas pitié des enfants.

Il fait toujours très sombre et on a du mal à distinguer les monstres.

Quand le jour se lève, on espère y voir un peu plus clair... Mais non... ça se passe dans les égouts. Et quand les monstres sortent des égouts, il fait de nouveau nuit. Pire, Predator bousille la centrale électrique.

Une petite fille a vu un Alien avec les jumelles infra rouge de sa mère (elle est militaire). Elle crie qu'il y a un monstre derrière la fenêtre. « Regarde ! Y a pas de monstre » lui répond son père avant de se faire dévorer par l'Alien.

Et voilà la cavalerie : la Garde Nationale. Mais vous connaissez les Aliens... Qui peut leur résister ? Dans le noir sous la pluie. C'est bizarre comme les gens se laissent tuer : paralysés par la terreur ?

En attendant, les Aliens pénètrent dans la maternité pleine de petites chairs fraîches. Il y a même une femme qui accouche. Lucio Fulci doit se retourner dans sa tombe et surtout D'Amato avec son film *Anthropophagus.* Un peu débordé le Predator.

Les survivants se réfugient dans un blindé de la Garde Nationale (dont les membres sont tous morts, bien sûr). Ça me rappelle quelque chose, mais quoi ?
Et quand une fille dit dans le film : « Un gouvernement ne peut pas mentir ! » tout le monde rit dans la salle... Sont pas bien stressés par le film les spectateurs...
Vous voulez savoir comment ça va finir ?
Allez voir le film.
Si ça vous dit encore... Si vous n'avez pas peur du noir...

Undead or Alive de Glasgow Phillips (2007)
Après les vampires au Far West avec *Bloodrayne 2* d'Uwe Boll voici les morts-vivants au Far West !
Le titre parle de lui-même, à contre point des affiches "Recherché mort ou vif" du Far West.
Tout cela semble être la faute de Geronimo. Le premier mort-vivant (un pauvre fermier qui s'en prend à sa famille) est assez comique. Mais ça reste gore. Le mélange comique et gore se poursuit tout au long du film. Un shérif et son adjoint mort-vivant (tous les deux ripoux) poursuivent nos deux héros alors que le mort-vivant du début est en prison. Nos deux amis se font faire prisonnier par une jolie brune. Le

shérif devient aussi mort-vivant et toute l'équipe de poursuivants est également infectée. Parce que les morts-vivants infectent les vivants en les dévorant. Et ils parlent !

À part la fille canon, les héros sont fatigués. Mais comment ça va finir tout ça ? ;-)

Les changements de lieux sont ponctués par le claquement d'un fouet et c'est le plus con des deux et le plus moche qui baise la fille.

Y a tous les clichés des films de morts-vivants. Qu'est-ce qu'on rigole !

La fin est d'un humour noir et macabre. Attention, restez au générique...

Ah quel joli film de série Z...

La jaquette du DVD est un hommage direct au film *Evil Dead* de Sam Raimi (1982).

Diary of the Dead de George A. Romero (2008)

Le cinquième film de zombies de Romero. Ici il tente une expérience cinématographique à la mode de nos jours : la caméra objective. On voit un film tourné sur le mode du reportage par de jeunes étudiants de cinéma partis faire un film d'horreur et tombant sur des zombies affamés. Une fois de plus, comme dans les œuvres précédentes de Romero, c'est par la télé que nous apprenons le déclenchement du phénomène zombie. Tout est filmé dans une semi-obscurité. C'est désagréable. De plus la caméra manque de batterie. On aura droit aussi à des plans où on ne voit rien, d'autres complètement flous et des prises de vue de caméras de surveillance : du tout-venant quoi. Pendant le premier tiers du film, le spectateur sait qu'il y a des morts-vivants, mais les personnages doutent... Jusqu'à ce que...

« Si ça n'a pas eu lieu devant la caméra, c'est que ça n'a pas vraiment eu lieu, hein ? », déclare la femme du caméraman (Jason) : elle en a marre de le voir filmer. Un autre dit : « ça c'est un journal de la cruauté » en parlant du "reportage" de Jason. Ne peut-on pas dire la même chose du film de Romero ? Une "réflexion" sur les images, sur le voyeurisme. Il y a bien sûr l'inévitable scène très cruelle qui montre un proche des personnages se transformer en zombie, vue combien de fois dans les films de Romero. Il traite des problèmes moraux : ça fait pas quelque chose de tuer ces zombies ? N'était-ce pas des hommes ? « Est-ce qu'on peut attendre ? Peut-être que ça ne lui arrivera pas ? » supplie la compagne d'un membre de l'équipe décédé après une morsure par un zombie. Il y a aussi la scène où on confond un être humain vivant avec un zombie parce qu'il est sourd-muet. Et des connards qui gardent des zombies enfermés chez eux parce qu'ils sont de la famille. Pourtant « eux, c'est nous », dit la jeune fille dans le film. La force des morts-vivants c'est leur nombre : « Combien de divisions ? » demandait Staline à propos du Vatican... Le nombre des zombies augmente de façon exponentielle ; ça en fait des divisions !

Romero nous sert une soupe idéologique à propos de l'immigration. On est cons, dites donc, d'avoir peur des immigrés quand on voit ça ! Le réalisateur se met lui-même en scène dans un tout petit rôle : celui du chef de la police qu'on voit à la télé et qui impute la catastrophe à l'immigration. Les seuls qui "résistent" ce sont des Noirs.

Tout du classique Romero. Rien de neuf.

La télé ment. Alors que le film de Jason mis en ligne sur Internet, lui, montre la vérité ! Mais, comme tout le monde le fait, « plus il y a de voix, plus il y a de versions ».

Romero revient à ses premiers amours de *La Nuit de morts-vivants (1968)* qu'il avait déjà tourné comme un reportage. Il déclare qu'il avait encore beaucoup de choses à dire sur les zombies (voir son interview dans sfmag N° 57). Je ne vois pas ce qu'il a dit de nouveau dans ce dernier film.

C'est un bon film, bien sûr, mais peut-être le regarderez-vous comme moi : avec lassitude...

Les autres films de zombies de Romero :
La Nuit des morts-vivants (1968) – Zombie le crépuscule des morts vivants (1978) – Le Jour des morts vivants (1985) – Land of th Dead (2004) (Le Territoire des morts).

Les remake :
La Nuit des morts-vivants (1990) de Tom Savini – L'armée des morts(2004) de Zack Snyder – Le Jour des morts vivants 2 (2005) d'Anna Clavell – Le Jour des morts vivants (2008) de Steve Miner.

Bien sûr il serait impossible de citer tous les films d'horreur inspirés de ceux de Romero tant il y en a. Je citerai les films de Lucio Fulci *: L'enfer des zombies (Zombi 2) (1979) – Frayeurs (1980) – la Maison près du cimetière (1981) – L'au-delà (1981)*

Enfin, il faut citer la trilogie plus ou moins parodique : *Le Retour des morts-vivants* de Dan O'Bannon (1984) – *Le Retour des morts-vivants 2* de Ken Wiederhorn (1987) – *Le Retour des morts-vivants 3* de Brian Yuzna (1993)

REC de Jaume Balaguero et Paco Plaza (2008)
Encore une histoire filmée caméra sur l'épaule ? Oui ? Mais à la différence de

l'abominable *Cloverfield* , celui-ci est beaucoup mieux travaillé. Il comporte un véritable récit raconté par un vrai procédé cinématographique. Balaguero nous avait offert déjà un petit chef-d'œuvre avec *La Secte sans nom*, qui a donné toutes ses lettres de noblesse au cinéma fantastique espagnol qui le méritait bien. Ici il nous offre une histoire d'horreur pas piquée des vers, une histoire qui ressemble à une histoire de zombies.

Une jeune journaliste accompagnée de son caméraman fait un reportage sur les pompiers la nuit. Elle les suit lors d'une intervention dans un immeuble d'où un appel au secours est arrivé. Ils trouvent une vieille femme couverte de sang à côté d'un cadavre. Cette femme va agresser un policier qui va mourir des suites de ses blessures. Puis, l'immeuble sera mis en quarantaine par les autorités sanitaires pour éviter une épidémie.

Bien que ce film soit génial (si ! si !) il est quand même difficile de supporter pendant une heure et demie une succession d'images filmées dans l'action, sans pouvoir souffler un peu.

Ceci dit, on est saisi par l'angoisse et c'est l'effet voulu par les cinéastes. Pire même, les images de la fin sont filmées à la caméra infrarouge, car le projecteur a été cassé par un petit monstre caché dans le grenier. Faut aimer. Mais n'est-il pas toujours « intéressant d'aller voir comment c'est ailleurs » comme le dit le personnage mordu par un zombie dans *Land of the Dead* de Romero ?

Enfin dernière remarque : à quand un *Survival* qui finit par la mort du (des) monstre(s) comme au bon vieux temps ?

Infectés de Alex Pastor, David Pastor (2008)

Quoi de meilleur qu'un film post apocalyptique pour traiter de la nature humaine ?

Deux jeunes hommes (des frères) et deux jeunes femmes roulent vers l'océan. Ils tentent de survivre à une épidémie qui ravage l'espère humaine.

Pour y parvenir, il faut être sans pitié. Il faut se mettre en situation : on n'est plus dans le même monde qu'avant. Dans ce monde de l'épidémie, la morale n'est plus la même, les sentiments il faut les laisser dans le monde ancien et peut-être alors le présent pourra exister, mais l'espoir est sans avenir...

Un excellent film, si bien filmé, avec des effets de caméra très étudiés, une photographie extraordinaire.

Doomsday de Neil Marshall (2008)

Après le chef-d'oeuvre *The Descent* qui ne met en scène que des filles, Neil Marshall nous invite à un film d'action violent qui est un hommage appuyé au chef-d'œuvre de John Carpenter *New York 1997*. Le même thème : une partie du monde est isolée pour cause de contamination ; dans le film de Carpenter c'était la contamination sociale par la délinquance, ici c'est la contamination biologique par un virus. Le virus est plus à la mode ! L'hommage est si appuyé qu'un personnage du film de Neil Marshall est appelé Carpenter.

Donc, une partie de l'Écosse est isolée du reste du monde suite à la contamination de la région par un virus qui a tué 90 % de la population. Cette région est entourée d'un mur. Un jour, le satellite affecté à la surveillance de cette zone détecte une population. Il y a donc des survivants et l'apparition du virus à Londres incite les autorités à envoyer un agent dur de dur à cuire pour ramener ce qu'il faut pour un vaccin, puisque des gens ont survécu à la maladie. D'autant plus que la peste est apparue au cœur de Londres.

Ici, le dur de dur est une femme, jolie et sculpturale (Rhona Mitra). Neil Marshall est fidèle à son hommage à la gent féminine et cela me plaît beaucoup ! Il rend encore hommage aux films de Carpenter puisque cette femme est... borgne. Mais elle n'a pas un bandeau noir comme le héros de *Escape Of Los Angeles*, mais un œil de verre ultra sophistiqué. Il y a même le "cheval de fer" et des chevaliers en armure.

Le cinéaste sait filmer, et on ne s'ennuie pas une minute. La morale est-ce qu'elle peut être dans notre monde de brutes, elle est ce que John Carpenter expose dans *New York 1997* et *Escape of Los Angeles* : immorale, aussi bien du côté des délinquants que du côté du pouvoir. Et ne parlons pas de l'agent que ce dernier envoie dans la "zone" : un tueur, ou du moins ici, une tueuse... ni plus ni moins !

Sublime !

Ce film grouille de références, et aussi sur les films de série Z italiens et la *dark fantasy*... À vous de les découvrir...

« Quand on sait mentir, on peut se permettre tout ce qu'on veut. »

« C'est tout ce que c'était pour vous ? Un travail !? »

Et, bien sûr, la bagnole joue un rôle important dans l'histoire ; c'est d'abord un transport de troupes blindé puis c'est les mêmes genres de bagnoles que dans les *Mad Max* (et ses deux suites par George Miller – 1979, 1981, 1985), rouillées, armées jusqu'aux dents et très rapides. Le film se termine par une course poursuite et c'est la bagnole de la fille qui vaincra !

Black Death de Christopher Smith (2009)
Un film terrifiant.
Au Moyen Âge, une équipe de mercenaires chrétiens est envoyée par l'évêque dans un village isolé dans un marais parce que dans ce village personne n'a été atteint de la peste qui a tué la moitié de la population du royaume. Il ne peut donc s'agir, selon l'homme d'Église, que de sorcellerie.
Ici on montre la réalité crue et cruelle de cette époque et de la guerre. Et de l'épidémie de peste.
Une succession d'horreurs. Les combats ne sont pas stylisés, ils sont brutaux et sanglants, la chair est arrachée, le sang gicle. La maladie est atroce.
Au nom de la religion, on se rend coupable de toutes les cruautés, et au nom de la foi on fait de terribles erreurs. Mais les athées ne sont pas mieux lotis...
Terrible film qui montre le fond de la nature humaine.

[REC]² de Jaume Balaguero et Paco Plaza (2009)
Et voici le numéro 2 de *REC*.

Nous retournons donc dans l'immeuble infesté par les zombies et isolé du reste du monde par les autorités.

Cette fois on multiplie les caméras pour avoir plusieurs angles de vue. Quatre flics super armés sont chacun équipés d'une caméra. Ils investissent le bâtiment, accompagnés d'un médecin chargé de trouver un remède afin d'éviter l'épidémie. Le suspense est intense. Cette « rage » des « zombies » est très contagieuse. Attention à la morsure. Mais est-ce bien une « rage » ?

Les réalisateurs ne jouent pas le jeu puisqu'au milieu du film tous les gens porteurs d'une caméra sont hors service et une autre caméra prend la relève en reprenant depuis le début. Je trouve que c'est une faiblesse du scénario... D'autant plus qu'on changera encore de caméra en fin de film.

Quand il y a une catastrophe, il y a toujours des connards qui sont là où il ne faut pas être ! Quelle bande de cons ! D'ailleurs ce film est un véritable traité sur la connerie humaine.

Il s'avérera que cette maladie n'en est pas une, mais est quelque chose de surnaturel...

Survival of the Dead de George A. Romero (2009)

Le troisième opus de la seconde trilogie de Romero qui avait commencé par *Land of the Dead* (très bon film) suivi par *Diary of the Dead* (Pas terrible) ...

Donc ce film est en fait la suite du précédent, car une scène se réfère à *Diary of the Dead*.

Cette fois, malgré l'admiration et l'affection que je porte à Romero, ce film ne m'a pas emballé du tout.

On ne sait pas si c'est du lard ou du cochon...

Les maquillages ne sont pas très bons...

C'est la même histoire que celle de la série *Walking of the Dead*...

Against the Dark de Richard Crudo (2009)

Épidémie de zombies... des vampires, car ils ne sortent que la nuit.

Steven Segal s'est produit ce film pour lui-même. Tourné en Roumanie comme beaucoup de films de série B.

L'action se déroule dans le dédale des couloirs d'un hôpital (ça ne coûte pas cher en décors).

À l'extérieur, les survivants les plus nombreux sont des militaires, logique.

On nous fait le coup classique du gros méchant général qui veut « stériliser » le secteur...

La Horde de Yannick Dahan & Benjamin Rocher (2009)
Un film de zombies français pas mal du tout. Avec plein d'hommages, de l'action, du gore.
« Ils vont venir nous chercher » se lamente un des personnages, un hommage rendu (bien sûr) au film de zombies de Romero La *Nuit des morts-vivants* (1968) dans lequel au début du film un jeune homme dit à sa sœur alors qu'ils sont dans un cimetière : « Ils vont venir te chercher Barbara ! ». L'utilisation des éléments de cette phrase est devenue courante dans beaucoup de films de zombies.

Eaters (Zombie Planet) de Luca Boni et Marco Ristori (2010)
Présenté par Uwe Boll, pas moins !
Épidémie de zombies. Il n'y a plus que des hommes qui survivent. Des mâles seulement. Parmi eux, un type fait des expériences sur les zombies. Il y a bien une fille en cage, mais c'est une zombie. Il la garde au cas où... Il y a des nazis aussi. Et on saura d'où vient l'épidémie !

Les dialogues sont un peu (beaucoup) balourds, mais c'est une série Z regardable. Quoi ? Oui j'aime bien ces films de série Z ! Voir plus loin (en 2013) le film *Zombie Massacre* des mêmes, et aussi présenté par Uwe Boll.

Higanjima de Kim Tae Kyun (2010)
L'arme du tueur de vampires est assez originale au début. Une bande d'adolescents se mobilise pour aller chasser le vampire sur une île pour éradiquer l'épidémie...
Quel ennui ! C'est mal joué, mal doublé.
Il y a quand même quelques belles bagarres à la fin (au moins les cascadeurs sont bons...)

Resident Evil : Afterlife 3D de Paul W.S. Anderson (2010)
Rien de bien nouveau. Il fait toujours sombre, il y a beaucoup d'action, mais on ne voit pas assez les morts-vivants. La suite pour bientôt, car la fin du film n'est que le commencement du suivant.

Monsters de Garet Edwards (2010)
Inspiré du film *Le Monstre* de Val Guest (1955)
Comme dans le film de Val Guest, l'horreur vient de l'espace ? Une sonde de la NASA est tombée au Mexique et a emmené une

infestation qui a créé de gigantesques monstres. Cet engin spatial avait « collecté » des germes extraterrestres.

Je ne sais pas pourquoi les scénaristes avaient besoin de ce prétexte « scientifique ». C'est comme ça...

On s'ennuie beaucoup, les monstres sont peu visibles, on les entend parfois. On les verra un peu à la fin... Les plans sont assez désagréables.

En fait, cette histoire de monstres cthulhiens est le prétexte à une histoire d'amour...

Rammbock – Berlin Undead de Marvin Kren (2010)

Alors que Michael arrive à Berlin pour rendre visite à Gabi, son ex-petite amie adorée, un terrible virus – transformant les gens en zombies – se propage rapidement à travers la ville. Michael, s'inquiétant de ne pas trouver Gabi chez elle, fait la rencontre d'Harper, un jeune apprenti plombier qui effectue des travaux dans l'immeuble. Ensemble, ils parviennent à se barricader tandis que des hordes contaminées par le virus envahissent les lieux. Cernés par ces zombies assoiffés, Michael et Harper doivent combattre pour défendre leur vie et il leur faudra user de toute leur ingéniosité pour survivre et retrouver Gabi.

Un film de zombies amusant.
Les « assiégés » découvrent des moyens de se défendre assez originaux : xanax et flash photos pour lutter contre la pandémie zombie. Une fois contaminé, quand on prend du xanax ça ralentit le processus... Comme quoi, les anxiolytiques ont du bon. Et les flashs photo font peur aux zombies. Ça se veut original, mais c'est devenu diffi-cile d'être original avec les zombies...

Exit Humanity de John Geddes (2011)
Un film puissant.
L'idée du journal est excellente pour l'éco-nomie du film. Elle permet de représenter certaines scènes avec un grand art pictural. C'est donc déjà excellent.
Le héros part en solitaire après la perte de sa famille infestée par les zombies. C'est le classique du western (pas les zombies bien sûr !) Le contraste (la contradiction ?) entre les zombies et la magnifique nature est très bien rendu. Les plans sont magni-fiques. Certains sont si beaux que j'aurais plaisir à les décrire en détail.
Pour survivre, cet homme perdu se donne un but.
Et il est obligé de tuer son cheval qui a été mordu par des zombies. « Un ami qui était toujours là pour moi, qui ne m'a jamais tourné le dos. Déclare-t-il en guise

d'oraison mortuaire. On retrouve le Dr Frankenstein du film *Le Jour des morts-vivants* de Romero et on pense à la forêt du film *Le Projet Blair Witch*…

On a l'explication de l'épidémie : « On ne peut pas oublier ceux qu'on aime, ils restent toujours présents sous forme de blessure. »

Autres citations :

« Il n'est jamais trop tard pour guérir son âme. »

« La rage est un bon combustible pour la survie. »

« Un cœur anéanti peut toujours trouver une raison pour se remettre à battre. »

Très beau film.

World of the Dead (The Zombie Diaries 2) de Michael Bartlett et Kevin Gates (2011)

La suite de *The Zombie Diaries* des mêmes.

On est en direct. Les scènes la nuit sont pénibles.

Le désespoir est absolu.

Il y a des flash-backs sur une intervention de l'armée… avec des exécutions sommaires.

La neige fait un joli décor. Insupportable.

Il y a aussi des rebelles ignobles, pires que les zombies. On revient donc sur le thème du premier film : certains de ceux qui sont restés des êtres humains sont pires que les zombies.

Ils sont tous en quête d'un lieu sûr avec des gens sûrs.

Ça se passe dans la forêt ce qui n'est pas sans faire penser au film *Le Projet Blair Witch*.

Une scène dans un cimetière avec un zombie fait penser au prologue de *la Nuit des morts-Vivants* de Romero (1968)

The Thing de Matthijs Van Heijningen Jr. (2011)

On se souvient que dans *The Thing* de John Carpenter, le film commence par l'arrivée d'un chien poursuivi par un homme en hélicoptère qui vient d'une station polaire norvégienne. Le chien était porteur de la « chose ». Excellent film, et vrai remake de *La Chose d'un autre monde* (1951), car les scientifiques de la station polaire découvrent l'extraterrestre congelé, alors que le film de Carpenter commence après, quand les résidents de la station polaire norvégienne ont déjà été complètement exterminés.

Ce film de Van Heijningen Jr. raconte donc ce qui s'est passé dans cette station polaire norvégienne. Il se veut donc une préquelle du film de Carpenter, mais c'en est quasiment un remake puisque le récit est le même. Tous les êtres humains de la station sont vampirisés par la « chose » jusqu'au chien...

À quand la suite du film de Carpenter qui finit par une ambiguïté : le spectateur se demande si l'un des survivants n'est pas contaminé par « la chose » ?

[REC3] Genesis de Paco Plaza (2011)

Et voilà le numéro 3 en attendant le 4.

C'est un mariage. Un peu cucul comme beaucoup de mariages. C'est fait pour le scénario : on aime bien voir des gens cucul se faire bouffer par des zombies (enfin, des démons...)

L'oncle explique qu'il a été mordu par un chien mort et qui a ressuscité... On a compris hein ?

Le patient zéro de l'épidémie de zombies...

C'est un peu con, mais c'est si bien filmé !

1ère partie : présentation des personnages qui seront zombifiés... filmé en caméra amateur, vous savez, comme les deux REC précédents...

2e partie : le tonton bouffe une grand-mère, etc. Malheureusement on ne voit rien avec leur caméra amateur. Effets spéciaux trop faciles...

3e partie : la caméra amateur est cassée. Ouf ! merci le scénariste. De toute façon, les personnages en avaient marre d'être filmés. On passe donc au film « normal ». Qu'est-ce qu'ils sont cons ces zombies/démons à gueuler la bouche ouverte pleine de sang.

Puis on revient à une caméra infrarouge. Quel calvaire ces caméras...

Comme d'habitude, il y a toujours un petit groupe qui en réchappe. Le scénariste ne sait pas trop l'expliquer, mais c'est comme ça !

On apprend que l'eau bénite fait fuir les zombies. Ce sont donc bien des démons, hein ? Lamberto Bava !

La scène du car est hallucinante. Vue au travers des caméras de vidéosurveillance (!)

Donc au milieu de cet enfer il y a une histoire d'amour : le marié et la mariée se cherchent.

Il pleut... Et le film montre ostensiblement que c'est de la fausse pluie.

Pour tuer un zombie/démon, utiliser : un fusil, un mixer, une masse d'armes, une tronçonneuse, une épée de chevalier.

Donc un petit hommage à Lamberto Bava avec ses deux films *Démons* et à l'œuvre de Romero, surtout pour la fin, très atroce...

Exit Humanity de John Geddes (2011)

Un film puissant.

L'idée du journal est excellente pour l'économie du film. Elle permet de représenter certaines scènes avec un grand art pictural. C'est donc déjà excellent.

Le héros part en solitaire après la perte de sa famille infestée par les zombies. C'est le classique du western (pas les zombies bien sûr !) Le contraste (la contradiction ?) entre les zombies et la magnifique nature est très bien rendu. Les plans sont magnifiques. Certains sont si beaux que j'aurais plaisir à les décrire en détail.

Pour survivre, cet homme perdu se donne un but.

Et il est obligé de tuer son cheval qui a été mordu par des zombies. « Un ami qui était toujours là pour moi, qui ne m'a jamais tourné le dos. Déclare-t-il en guise d'oraison mortuaire. On retrouve le Dr Frankenstein du film *Le Jour des morts-vivants* de Romero et on pense à la forêt du film *Le Projet Blair Witch*...

On a l'explication de l'épidémie : « On ne peut pas oublier ceux qu'on aime, ils restent toujours présents sous forme de blessure. »

Autres citations :

« Il n'est jamais trop tard pour guérir son âme. »

« La rage est un bon combustible pour la survie. »

« Un cœur anéanti peut toujours trouver une raison pour se remettre à battre. »

Très beau film.

Contagion de Steven Soderberg (2011)

Ce film raconte le développement d'une pandémie due à un virus mutant porc/chauve-souris. Il prend la forme d'une grippe, puis d'une méningite aiguë et mortelle.

C'est une véritable reconstitution de ce que serait une telle pandémie. Il est d'ailleurs fait référence dans le film à la pandémie de grippe dite « espagnole » de 1918-1919...

On voit les émeutes, la paranoïa (parfois justifiée), la théorie du complot...

Les gauchistes voient des complots capitalistes partout, et parmi eux un vrai salaud qui se fait du fric grâce à son rôle de gauchiste...

Ceci dit, quand ils ne trouvent pas de vaccin, ils mentent, quand ils en trouvent un, il est dangereux...

Les autorités sanitaires recherchent le patient zéro, le premier qui a été infecté et qui a lancé la pandémie. Ils sont lancés sur une fausse piste et cette enquête dévoile un pan de la vie privée des protagonistes.

Au milieu de tout cela, il y a une stupide histoire d'enlèvement.

La leçon de la fin : il suffit de si peu de choses pour lancer une pandémie, il suffit de ne pas se laver les mains !

Ce film est vraiment bien : quasiment un documentaire sur ce que pourrait être une telle pandémie et ses conséquences sociales, politiques, scientifiques, morales, etc.

Mais un documentaire vécu en direct, donc une superbe fiction !

Vampyre Nation de Todor Chapkanov (2012)

Des vampires sont détectés à Bucarest. Désormais, il faudra coexister. Jusqu'au jour où une gargouille dévore vampires et humains.

Le fruit d'une épidémie genre rétrovirus.

On fait donc une alliance humains-vampires.

Histoire visiblement inspirée de *Blade II* : une nouvelle espèce au-dessus des vampires dans la chaîne alimentaire et un traître...

Un film de série B, enfin presque Z... avec quelques moyens en studio.

Mais ça se regarde, tout est simple, c'est ce qui plaît, on ne se prend pas la tête.

(Un des personnages principaux s'appelle Harker.)

Prometheus de Ridley Scott (2012)
« Je ne sais rien, mais c'est ce que je choisis de croire. »
C'est ce que le père de la petite fille lui a répondu quand elle lui a demandé comment il savait ce qu'il y avait après la mort. Et c'est aussi ce qu'elle a répondu quand on lui a posé la question si elle savait qu'elle foutait en l'air trois siècles de darwinisme.
On voit un extrait du film « Lawrence d'Arabie ».
Donc, des archéologues font le lien entre différentes peintures rupestres qui représentent un géant montrant du doigt une partie du ciel. C'est une « invitation » disent-ils. Une expédition est donc financée par un richissime armateur...
Ils y vont.
Le film est bien construit, il ne s'attarde pas sur les personnages pour mieux se concentrer sur son thème : l'approche scientifique de la vie et de la mort. Et aussi, la punition qui attend ceux qui font cette recherche sans précaution. C'est le thème de l'infection que laisse introduire le robot dans *Alien, le 8ᵉ passager*, et que l'on retrouve ici dans le film. Mais ici, cette introduction se fera par plusieurs méthodes, toujours

mises en œuvre par un androïde aux ordres de son créateur. Ce qui vaudra au spectateur une terrible scène d'autoavortement. Ainsi, si la plus forte personnalité de l'équipage du vaisseau restera intraitable face à une tentative visible d'infestation, ce ne sera pas le cas d'une autre tentative, plus pernicieuse. Et à chaque fois c'est le contact avec l'autre, voire même l'amour qu'on lui porte, qui deviendra mortel.

Ce film est très freudien, un personnage n'affirme-t-il pas : « Chacun souhaite la mort de ses parents », et reste très lovecraftien, comme tous les films de la série, avec notamment le monstre de la fin qui n'est pas sans faire penser au grand Chtulhu.

La *Création* est impitoyable !

On découvrira à la fin qui était l'extraterrestre, « *cette créature géante fossilisée au thorax ouvert* » appelée le Space Jokey, qu'on voit dans le film *Alien, le 8ᵉ passager*.

C'est un excellent film.

Resident Evil : Retribution par Paul W. Anderson (2012)

C'est le cinquième film de la franchise. Adaptés du jeu vidéo.

Résumé des épisodes précédents par Alice elle-même.

Ensuite des scènes de poursuites par des zombies. Mais c'était un rêve (en fait non... on saura ce qu'il en est plus tard dans le film).

Ça se passe au fond de l'océan où est construit le complexe Umbrella. Dans lequel il y a a partout l'étoile rouge soviétique avec la faucille et la marteau.

Et aussi plein de clones ce qui permet de ressusciter des personnages.

Il y a tout le temps de la castagne, faut donc aimer ça et des monstres assez géniaux.

Et puis des changements de décor : Moscou, New York, Tokyo...

Ils n'ont pas froid comme ça bras nus sur la banquise ?

Costauds les filles ! On voit les blessures internes par radioscopie.

Wouahou ! Quelle bagarre...

« Le commencement de la fin » est-il dit à la fin...

À suivre, alors ?

The Last Days on Mars de Ruari Robinson (2013)

Une expédition sur Mars. Elle dure depuis six mois. L'équipe d'exploration est sur le point de repartir. Il reste un peu plus de 19 heures avant le départ.

C'est à ce moment qu'ils détectent "une anomalie microscopique".

"Une division cellulaire !" Le type qui fait la découverte meurt accidentellement.

Autres citations :

"C'est bizarre, je sens un truc à l'intérieur." Se plaint un blessé infecté.

"Vous ne rentrerez jamais ! affirme-t-il.

"Piégé dans son propre corps, complètement impuissant !

- Ça a tout l'air d'un cauchemar."

Ce film est intéressant. Bien sûr quand on le regarde on se dit : tout cela je l'ai déjà vu dans d'autres films.

Effectivement, c'est un hommage à tous ces films qui ont traité ce sujet, très lovecraftien :

"La Chose d'un autre monde" de Christian Nyby (1951). Un extraterrestre retrouvé congelé près d'une base polaire reprend vie et sème la terreur. Ce film est tiré d'une nouvelle de John W. Campbell. Et devinez comment s'appelle le héros de notre film "The Last Days on Mars" ? Campbell justement ! N'est-ce pas là un signe d'hommage ?

"Le Monstre" de Val Guest (1955) : un cosmonaute revient de l'espace seul rescapé. Il a été "infecté" là-haut et se transforme petit à petit en monstre...

Puis il y a eu les deux remakes de "La Chose d'un autre monde" :
"The Thing" de John Carpenter (1982)
"The Thing" de MatthijsVan Heijningen (2011), montre ce qui s'est passé avant l'histoire racontée par le film de Carpenter. Le thème de l'infection par une entité monstrueuse est bien traité en long en large par la série des quatre "Aliens" (1979 avec Ridley Scott, 1986 avec James Cameron, 1992 avec David Fincher et 1997 avec Jean-Pierre Jeunet), on attend d'ailleurs avec impatience l'opus numéro 5 ! Sigourney Weaver nous l'a promis.
Et donc à l'origine de cette série, on trouve le film de Mario Bava "La Planète des vampires" (1965) qui ressemble le plus à celui qui est chroniqué ici...
Donc, bien sûr, c'est beaucoup du déjà vu dans ce "The Last Days on Mars", mais il tient la route...

World War Z de Marc Forster (2013)
Épidémie de zombies. Pas des morts-vivants, mais des "enragés". Très contagieux ! Le thème n'est pas du tout celui d'un groupe de survivants, mais celui de la lutte de l'espèce humaine avec ses organisations.

Comme toujours, Brad Pitt est plus malin que les autres... Enfin le personnage qu'il joue !

Il dit plus loin dans le film : « On va tirer le meilleur parti de tout ça. Comme toujours ! »

Il a même récupéré un camping-car pour fuir l'épidémie de zombies.

Et il y a même une carabine dedans.

Il y a des scènes stupéfiantes dues à l'incroyable vélocité des zombies qui ne reculent devant rien comme de sauter dans le vide pour atteindre un hélicoptère. Saisissant !

Le meilleur moyen de s'isoler du monde infecté est de se tenir sur un vaisseau en mer. C'est ce que font les autorités, l'organisation internationale qui lutte contre les zombies.

« Mère nature est une tueuse en série... » Déclare un biologiste.

Toute une partie du film se déroule à Jérusalem qui a réussi à s'isoler du reste du monde à l'abri de l'épidémie... Tout un symbole... Mais les zombies ne se laisseront pas arrêter par le mur édifié par l'État d'Israël...

Ils ne se laissent d'ailleurs arrêter par rien du tout ! Ils sont le nombre.

La scène de la fin m'a fait penser à la fin du film de Dario Argento : *The Card Player (Il Cartaio) 2004*...

La Stratégie Ender de Gavin Hood (2013)
C'est l'adaptation d'un roman de Orson
Scott Card qui fut le premier d'un cycle.
Le film est très bien, mais l'adaptation est
difficile. Par exemple, le film est très brutal
(la guerre c'est brutal), mais le roman de
Card est tout en douceur et en finesse.
L'horreur de la fin n'en est que plus déses-
pérante. D'ailleurs Card n'a pas une haute
opinion de l'espèce humaine.
C'est la guerre contre des extraterrestres
qui ont tenté d'envahir la Terre et qui ont
échoué, mais leur menace existe toujours ;
cela se passe dans un futur lointain imaginé
par Card. La guerre est complètement in-
formatisée, virtualisée pour ceux qui la
commandent (mais pas pour ceux qui la
font...)
Card est obsédé par le génocide. Toute
créature est une créature de Dieu, et même
l'espèce le plus nuisible ne doit pas être dé-
truite en son entier...
La fin du film est très culcul. C'est un peu
(même très) décalé par rapport au reste du
film.
Mais c'est bien la fin de Card !

Voici ce que j'écrivais dans mon recueil
« Fantastique » (1998) à propos de « La
Stratégie Ender » :

La science-fiction dans le cycle d'Ender

Le thème principal de la science-fiction de Card dans le cycle d'Ender est la conquête du cosmos et, donc, la rencontre avec d'autres espèces. De ce thème, en découlent plusieurs autres. Celui de la génétique d'abord, science qui caractérise les différences des espèces entre elles et qui semble le mieux convenir à l'auteur pour illustrer ses théories nietzschéennes. L'écologie ensuite, car qui dit génétique, dit espèces avec leur environnement de vie. Enfin, dans l'infinité du cosmos, il faut pouvoir communiquer entre les hommes, et pour cela, il faut mettre en place des systèmes de communication instantanés et gérer tout cela avec l'informatique mise en réseau grâce à ce système performant. Les mutations génétiques ont des effets curieux sur le peuple de la planète taoïste de la Voie, puisqu'elles produisent chez eux une maladie : la psychonévrose obsessionnelle qui leur fait croire à l'existence des dieux.

Mais la conquête du cosmos et la rencontre d'autres espèces intelligentes ne va pas sans conflits et donc, sans guerre. Le premier livre du cycle : « La stratégie d'Ender » raconte par le menu détail l'entraînement militaire d'enfants surdoués afin de vaincre et détruire une espèce concurrente : les doryphores. De nouvelles armes sont inventées, mais nous n'en connaîtrons que le principe : « La science a évolué (...) Nous (...) sommes en mesure de contrôler la pesanteur. De la créer, de la supprimer. » Quant aux doryphores, le pouvoir des humains utilise la peur de leur nouvelle invasion pour maintenir l'espèce humaine mobilisée. C'est que ces insectes avaient voulu envahir la terre avec une véritable armada. Seul Mazer Rakham réussit à les vaincre et il participera à l'entraînement d'Ender, car il est parti voyager dans l'espace à des vitesses proches de la lumière et revenu des siècles plus tard alors qu'il n'avait vieilli que de quelques années. Cette méthode permettra à Ender, dans les deux autres volumes de la trilogie, de vivre trois mille années en ayant à peine la cinquantaine... Mais revenons aux doryphores. Graff, l'officier qui suit Ender explique : « Les doryphores étaient des êtres qui auraient parfaitement pu apparaître sur Terre, si les choses avaient tourné autrement un milliard d'années auparavant. Au niveau moléculaire, il n'y avait aucune surprise. Le matériel génétique lui-même était identique. Ce n'était pas un hasard si, aux yeux des êtres humains, ils évoquaient des insectes. Bien que leurs organes soient beaucoup plus complexes et spécialisés que ceux des insectes, et possèdent un

squelette interne, ayant renoncé presque complètement à leur squelette externe, leur structure physique rappelait toujours leurs ancêtres, qui devaient beaucoup ressembler aux fourmis de la Terre. » La guerre contre les doryphores se justifie ainsi, selon les militaires :
« (...) Il ne s'agit pas seulement de traduire d'une langue dans une autre. Ils (les doryphores) n'ont pas de langue. Nous avons utilisé tous les moyens possibles pour tenter de communiquer avec eux, mais ils ne possèdent même pas de machines qui leur permettraient de voir que nous envoyons des signaux. Et peut-être ont-ils essayé de nous projeter des pensées et ne comprennent-ils pas pourquoi nous ne répondons pas.
— Ainsi, toute cette guerre repose sur le fait que nous ne pouvons pas nous parler ?
— (...)
— Et si nous les laissions tranquilles ?
— Ender, nous ne sommes pas allés chez eux, ils sont venus chez nous.
— (...)
— Les doryphores ne parlent pas. Ils transmettent leurs pensées et c'est instantané, comme l'effet philotique.
— (...)

— (...) Les doryphores sont des insectes. Ils sont comme des fourmis et des abeilles. Une reine, des ouvrières. »
Et Valentine, la sœur d'Ender précisera encore les choses : « Plutôt que d'amplifier les différences entre les individus, le langage pouvait tout aussi bien les adoucir, les minimiser et arrondir les angles pour permettre aux gens de s'entendre même s'ils ne comprenaient pas vraiment. »
 Après avoir détruit les doryphores à la tête des armées humaines, Ender, rongé de remords, retrouvera une reine survivante qui l'attirera sur les lieux de sa cachette en reconstituant une scène du jeu informatique qu'il utilisait lors de son entraînement. Sans l'autorisation de personne, il décidera de l'installer sur Lusitania où elle se reproduira et construira des vaisseaux spatiaux pour retourner vers les étoiles, mais, cette fois, sans esprit de conquête, car, grâce à Ender, la communication a pu être établie entre les deux espèces. Il apprendra encore à mieux les connaître et saura ainsi que les doryphores « voient la chaleur comme nous voyons la lumière. (...) De la peinture thermique » en quelque sorte.
Graff, officier instructeur d'Ender, lui avait parlé d'une grande découverte, la physique philotique qui permet les transmissions instantanées d'un point de l'espace à un autre

quelle que soit sa distance. Card n'avait pas encore assez réfléchi à cette physique à ce stade de son œuvre puisqu'il fait dire à son personnage : « Je ne peux pas t'expliquer la physique philotique. De toute manière, personne ne la comprend. Ce qui compte, c'est que nous avons construit l'ansible. Le nom officiel est : Émetteur Instantané à Parallaxe Philotique, mais quelqu'un a exhumé ansible d'un vieux livre... » Explication un peu légère que Card reprendra au début de « Xénocide »... « Les philotes se combinent pour produire une structure durable — un méson, un neutron, un atome (...) — ils s'entrelacent. (...) Les philotes sont les plus petits éléments constitutifs de la matière et de l'énergie. » Mieux encore : « Le philote est l'âme ». Le problème est donc posé de voyager plus vite que la lumière. « Arriver quelque part avant sa propre image. (...) Comme si on traversait un miroir pour rencontrer son double de l'autre côté. » Les humains y parviendront en utilisant les explications de la reine des doryphores. « Quand ils créent une nouvelle reine, ils font venir un genre de créature d'un espace-temps parallèle. » C'est cet espace-temps qu'ils appellent Dehors et qu'ils rejoindront pour créer matériellement leurs désirs. Le royaume de Dieu...

Les êtres humains rencontreront d'autres espèces dans l'univers. Sur la planète Lusitania vivent les Piggies. De petits nains sympathiques à la tête de cochons. Longtemps, les « xénologues » (ceux qui étudient les étrangers) ont cherché quel est le mode de reproduction des Piggies (ou pequeninos). Ils découvriront qu'elle se fait selon un système compliqué de synergie entre l'animal et le végétal. Ces pequeninos, au début gênants, feront frôler la catastrophe à Lusitania, mais, comme, selon Nietzsche, de la catastrophe peut naître la meilleure des choses, ils permettront aux humains de faire une énorme découverte scientifique. En effet, les pequeninos ne vivent et ne se reproduisent que grâce à un virus intelligent, mais mortel pour les humains, la descolada. Cette dernière est « la forme de vie la plus dangereuse de tout l'univers. (...) Elle s'adapte (...) évolue délibérément. Intelligemment. (...) La descolada a été amenée par un vaisseau interstellaire. » Il faudra trouver un virus mutant qui continue à « soutenir » la vie des Piggies, mais qui soit inoffensif pour l'homme. Il suffira d'aller « Dehors » pour le réussir. Une autre espèce est présente dans ce cycle. Elle a la particularité de n'être représentée que par un seul individu qu'Ender a appelé Jane. « Comme tous les êtres intelligents, elle avait un système de conscience complexe. Deux mille ans auparavant, alors qu'elle n'avait que mille ans, elle avait créé un programme d'autoanalyse. Il mit en évidence une structure très simple comportant approximativement trois cent soixante-dix mille niveaux distincts de conscience. » (!) Le lecteur saura que Jane était née des jeux informatiques d'Ender et de l'imagination extraordinaire du joueur, et qu'elle existe à l'intérieur de son corps. Elle communique instantanément grâce aux ansibles. « Il n'est pas trop absurde que Jane ait été créée par les reines pendant la campagne menée par Ender contre elles. »

Card est extrêmement cohérent avec lui-même : sa science-fiction cadre bien avec sa philosophie et sa vision de la religion. Il met en place un système basé sur certaines connaissances scientifiques pour montrer un univers vivant, véritable création en perpétuel mouvement.

Et voici, en guise de conclusion, comment, à la fin, il fait décrire l'univers par un de ses personnages, univers dont la géométrie ne peut pas être euclidienne (c'est le moins qu'on puisse dire) :

« Représentez-vous l'instant présent comme la surface d'une sphère en expansion, d'un ballon qui se gonfle. D'un côté le

chaos. De l'autre la réalité. Ça n'arrête pas de se dilater (…) de faire jaillir de nouveaux univers continuellement. (…) Envisagez-la comme une sphère de rayon infini (dont la) surface serait absolument plane (..) Et (dont) on ne pourrait jamais faire le tour. (…) Et maintenant, en partant du bord, on monte dans un vaisseau spatial et on se dirige vers l'intérieur, vers le centre. Plus on s'éloigne du bord, plus l'univers vieillit. On retraverse tous les anciens univers. »
Donc, l'univers n'a pas de commencement ni de fin.
« La réalité fonctionne comme ça parce que c'est l'essence de la réalité. Tout ce qui fonctionne autrement retombe dans le chaos. Tout ce qui fonctionne de la même manière passe dans la réalité. »
L'ensemble de mon étude sur Orson Scott Card (dans laquelle il est souvent question d'Ender) est disponible dans le recueil : http://www.amazon.fr/dp/1479243159

[REC]⁴ Apocalypse de Jaume Balaguero (2014)

Un peu con le soldat qui remonte vers l'enfer pour sauver la fille qui pleurniche, ça va lui coûter très cher. Mais on le saura bien plus tard dans le film… C'est la fille de la télé, celle qui faisait le reportage dans la maison des deux premiers épisodes…

Ensuite tout ce beau monde se retrouve dans un grand paquebot où surgit, au détour d'un couloir... une rescapée du mariage de [RC][3] . La jeune fille de la télé subit de nombreux tests par sécurité, pour éviter l'épidémie. Vous savez, comme dans tous ces films, il y a toujours un con qui prend pitié et laisse échapper le patient zéro.

C'est dur de combattre une épidémie de possession "démoniaque".

Donc on est dans un bateau au milieu de l'océan, un lieu clos, qui abrite des gens potentiellement contaminés... Ça craint !

Vous trouvez mon ton un peu trop ironique ? Ben c'est l'ambiance du film tout simplement.

Alors, voyons : il y a une équipe représentant les autorités qui évitent à tout prix l'épidémie, et une bande de cons qui font tout pour se tirer... Et qui sont ceux qui ont l'air sympa ? Devinez !

Enfin, je rigole, mais ce film fout drôlement la trouille. C'est pas à mettre devant les yeux de n'importe qui tout ça...

Et puis alors quand le patient zéro s'évade... Je ne vous dis pas ce que c'est le "patient zéro", vous le verrez vous-même. Ce genre de zombie est vraiment dégoûtant.

Ce Lamberto Bava a fait des films nuls "Démons 1 et 2" (1981), mais il a vachement

bien inspiré Jaume Balaguero qui a fait 4 chefs-d'œuvre avec Paco Plaza !
Qui sont les gentils ? Qui sont les méchants ? Vous le verrez vous-même... Enfin, vous finirez par le voir.
Avec les Démons on ne sait jamais...

Alien : Covenant de Ridley Scott (2016)
Un vaisseau transporte une « cargaison » de colons en route vers une planète à coloniser. Il rencontre un « vent solaire » qui endommage ses « voiles de recharge ». L'équipage est réveillé par le robot qui conduit le vaisseau. Pendant la réparation, un message provient d'une planète proche qui semble habitable. Doivent-ils y aller pour éviter de retourner en sommeil artificiel ?
Ils arrivent donc sur une planète inconnue sans prendre la moindre précaution sanitaire ! Même pas un masque à poussière...
L'infection par les spores produit un alien dans le corps à une vitesse record.
Ils retrouvent des traces du Prometheus...
Puis ils rencontrent David, le rescapé du Prometheus.
Une fois de plus, c'est le « synthétique » qui est à l'origine de tout. Et à la fin, ce sont les méchants qui gagnent. Le scénariste devait faire une dépression...

Planète des singes : l'affrontement (2014) de Matt Reeves (2014)

Le prologue est un peu téléphoné : une épidémie mortelle décime l'espèce humaine. C'est une épidémie de grippe simienne... Le virus a été transmis par les singes.

Le film raconte alors la guerre entre les humains survivants et les singes pour la conquête d'un barrage hydraulique permettant de produire de l'électricité...

Il y a aussi une guerre civile chez les Singes et chez les Humains...

Plein de malentendus. Tous les malheurs des uns et des autres proviennent de malentendus...

On a déjà vu plein de films comme ça : les Cow Boys et les Indiens, les films coloniaux avec Tarzan, le film Zulu... Un film assez faible.

Resident Evil : Chapitre Final de Paul W. Anderson (2016)

Voici le sixième film !

Au début était le virus T qui devait guérir toutes les maladies. Mais il eut des effets secondaires inattendus (Alicia Marcus fut sauvée !)

C'est l'histoire d'Alice et d'Umbrella Corporation. Le virus s'échappa d'un labo et ce fut la fin du monde.

À chaque début de film, Alice débarque de nulle part ne semblant pas, savoir d'où elle vient, et même qui elle est !

Ici elle sort du sous-sol dans Washington en ruines et est poursuivie par un monstre volant. L'actrice est de plus en plus jolie.

La petite Alice d'Umbrella demande à l'adulte Alice de l'empêcher de détruire ce qui reste de l'humanité. Alice la grande doit aller dans le Hive récupérer l'antivirus élaboré par Umbrella. Il détruirait le virus T.

Voyage, épopée, lutte individuelle pour sauver l'humanité. Avec un compte à rebours. Grosses batailles rangées, multitude de zombies. De la baston, beaucoup de baston. Le feu purifie la tour des zombies. Toute sa vie « tuer, courir… » Les monstres sont toujours aussi horribles.

Umbrella a organisé l'apocalypse pour purifier la Terre. Isaacs, le méchant, est vraiment très méchant. Les manières de mourir sont très diverses et très atroces. Alice au pays des merveilleuses horreurs. Le docteur Frankenstein lui-même serait terrorisé !

Ah ! Ces femmes, heureusement qu'on les a !

Le générique dure presque aussi longtemps que le film.

Autre film :

Virus cannibal de Vincent Dawn (1982)

LA PLANETE DES SINGES
L'AFFRONTEMENT
LE 30 JUILLET EN 3D
#LAFFRONTEMENT

Taxinomie

Dans les films de **vampires et de zombies,** il est souvent question de virus, et surtout d'épidémies. Les films sont cités jusqu'en 2004. Pas mis à jour depuis... Par exemple, les films de morts-vivants (on dit aujourd'hui zombies) se sont multipliés depuis 2004 telle une véritable pandémie...

Morts-vivants

White Zombie, les morts-vivants de Victor Halperin (1932) – **Le fantôme vivant (The Ghoul)** de T. Hayes Hunter (1933) – **Le mort qui marche** de Michael Curtis (1936) – **Le retour du Docteur X** de Vincent Sherman (1939) – **L'Invasion des morts-vivants** de John Gilling (1965) – **La Nuit des Morts-vivants** de George A. Romero (1968) – **La Révolte des morts-vivants** d'Armando de Ossorio (1971) – **Martin** de George A. Romero (1977) – **Zombie le crépuscule des morts-vivants** de George A. Romero (1978) – **L'Enfer des zombies (Zombi 2)** de Lucio Fulci (1979) – **La Terreur des zombis** de Franck Martin (1980) – **Frayeurs** de Lucio Fulci (1980) – **Le Lac des morts-vivants** de J. Lazer (1980) – **Une Vierge chez les morts-vivants** de Jess Franco (1981) – **La Maison près du cimetière** de Lucio Fulci (1981) – **L'au-delà** de Lucio Fulci (1981) – **La Morte-vivante** de Jean Rollin (1982) – **L'abîme des**

Zombies de Jess Franco (1983) – **Le Retour des morts-vivants** de Dan O'Bannon (1984) – **Le Jour des morts-vivants** de George A. Romero (1985) – **L' Emprise des ténèbres** de Wes Craven (1987) – **Le Retour des morts-vivants 2** de Ken Wiederhorn (1987) – **Zombi III** de Lucio Fulci (1988) – **Zombie academy** de David Acomba (1988) – **Universal Soldier** de Roland Emmerich (1992) – **Braindead** de Peter Jackson (1992) – **Le Retour des morts-vivants 3** de Brian Yuzna (1993) – **Dellamorte Dellamore** de Michele Soavi (1993) – **La Nuit des morts-vivants** de Tom Savini (remake en couleurs du film de Romero, produit par lui) en 1990. – **Resident evil** de Paul Anderson (2001) – **Undead** de Michael et Peter Spierig (2002) – **Pirates des Caraïbes** de gore Verbinski (2003) – **28 jours plus tard** de Danny Boyle (2003) *en fait je ne sais pas s'il s'agit bien de morts-vivants, mais dans le doute...* – **Beyond Reanimator** de Brian Yuzna (2003) – **L'armée des morts** de Zack Snyder (2004)

Film TV excellent : **Moi zombie, chronique de la douleur** d'Andrew Parkinson (1998) Et aussi **Flic ou zombie** de Mark Goldblatt (1988)

Dans la série des **Vendredi 13,** Jason devient un mort-vivant à partir du numéro 6, intitulé justement **Jason le mort-vivant** et réalisé par Tom Mac Loughlin (1986) Voir ci-dessus mon analyse de la série des Vendredi 13 et la liste complète.
Quant à Michael dans la série des **Halloween** on se demande toujours ce qu'il est...

Freddy Krueger, lui, en est des morts-vivants, sauf que l'on se demande s'il est vivant...
Et puis on trouve des morts-vivants dans **Le Loup-ga-rou de Londres** et dans **La Main qui tue**...

Vampires

Nosferatu le vampire de Friedrich Wilhelm Mur-nau 1922 – **Dracula** de Tod Browning (1931) – **Vampyr** de Carl Th. Dreyer 1932 – **La Marque du vampire** de Tod Browning 1935 – **La Fille de Dracula** de Lambert Hillyer 1936 – **Le retour du Docteur X** de Vincent Sher-man (1939) – **Son of Dracula** de Robert Siodmak (1943) – **La Maison de Dracula** d'Erle C. Kenton 1945 – **The Vampire's ghost** de Lesley Selander (1945) – **Le Sang du vampire** de Henry Cass (1958) – **Le Cauche-mar de Dracula** de Terence Fisher 1958 – **Dans les griffes du vampire** d'Edward Dein 1959 – **Et mourir de plaisir** de Roger Vadim 1960 – **Les Maîtresses de Dra-cula** de Terence Fisher 1960 – **Le Masque du démon** de Mario Bava 1961 – **Hercule contre les vampires** de Mario Bava 1962 – **Le Baiser du vampire** de Don Sharp 1962 – **Les trois visages de la peur** de Mario Bava 1963 – **Dracula prince des ténèbres** de Terence Fisher 1964 – – **Je suis une légende** de S. Salkow et U. Ragona (1964) – **Insomnie** de Pierre Etaix 1965 – **La Planète des vampires** de Mario Bava 1965 – **Le Bal des vampires** de Roman Polanski 1967 – **Vij** de K. Ier-chova et G. Kropatchava (1967) – **Le Viol du vampire** de Jean Rollin 1967 – **Une messe pour Dracula** de

Peter Sasdy 1969 – **Les Lèvres rouges** de Harry Kumel 1970 – **Vampyros Lesbos** de Jess Franco (1970) – **Jonathan** de Hans W. Geissendorfer 1970 – **Les Cicatrices de Dracula** de Ray Ward Baker 1970 – **Comtesse Dracula** de Peter Sasdy 1970 – **Les Nuits de Dracula** de Jésus Franco 1970 – **Le Frisson des vampires** de Jean Rollin 1970 – **La Fiancée du vampire** de Dan Curtis 1970 – **Suceurs de sang** de Robert Hartford-Davis (1970) – **The Vampire lovers** de Roy Ward Baker (1970 – **Dracula et les Femmes** de Freddie Francis 1971 – **La Fille de Dracula** de Jésus Franco 1971 – **La Révolte des morts-vivants** d'Armando De Ossorio 1971 – **Dracula prisonnier de Frankenstein** de Jésus Franco 1972 – **Baron vampire** de Mario Bava 1972 – **Dracula 73** d'Alan Gibson 1972 – **Dracula vit toujours à Londres** d'Alan Gibson 1973 –**Du Sang pour Dracula** de Paul Morrissey 1974 – **Dracula et ses femmes vampires** de Dan Curtis 1974 – **Les Sept vampires d'or** de Roy Ward Baker 1975 – **Leonor** de Juan Bunuel 1975 – **Rage** de David Cronenberg 1976 – **Zoltan le chien sanglant de Dracula** d'Albert Band (1977) – **Martin** de George A. Romero 1978 – **Nosferatu fantôme de la nuit** de Werner Herzog 1979 – **Dracula** de John Badham 1979 – **Les Prédateurs** de Tony Scott 1983 – **Lifeforce, l'étoile du mal** de Tobe Hooper 1985 – **Les Vampires de Salem** de Tobe Hooper 1986 – **Vampire vous avez dit vampire ??** de Tom Holland 1985 – **Génération perdue** de Joël Schumacher 1988 – **Aux Frontières de l'aube** de Kathryn Bigelow 1988 – **Vampire vous avez dit vampire ?? 2** de Tommy Lee Wallace (1988) – **Dracula** de Francis Ford

Coppola 1992 – **Innocent Blood** de John Landis 1992 – **Tale of a vampire** de Shimako Sato (1992) – **Entretien avec un vampire** de Neil Jordan 1994 – **Nadja** de Michael Almereyda 1995 – **Un vampire à Brooklyn** de Wes Craven 1995 – **Une nuit en enfer** de Robert Rodriguez 1995 – **Dracula mort et heureux de l'être** de Mel Brooks 1996 – **The Addiction** d'Abel Ferrara 1996 – **Les Deux orphelines vampires** de Jean Rollin 1997 – **Vampires** de John Carpenter (1997) (Et sa "suite" : **Vampires II** de Tommy Lee Wallace (2002) – **Blade** de Stephen Norrington 1998 – **Blood the last vampire** de Hiroyuki Kitakubo (2000) – **Le Petit vampire** de Ulrich Edel (2000) – **Trouble Every Day** de Claire Denis (2000) – **L'Ombre du vampire** (Elias Mehrige) 2000 – **La Sagesse des crocodiles** de Po-Chih-Leong 2001 – **Les Morsures de l'aube** d'Antoine de Caunes 2001 – **Dracula 2001** de Patrick Lussier – **Les Vampires du désert** de JS Cardone (2001) ... – **The Breed** de Michael Oblowitz (2001) – **La reine des damnés** de Mychael Rymer (2002) – **Blade 2** de Guillermo del Toro (2002) – **Bloody Mallory** de Julien Magnat (2002) – **La Fiancée de Dracula** de Jean Rollin (2002) – **La Ligue des Gentlemen Extraordinaires** de Stephen Norrington (2003) – **Underworld** de Len Wiseman (2003) – **Hypnotic** de Nick Willing (2003) – **Van Helsing** de Stephen Sommers (2004) – **Blade Trinity** de David Goyer (2004)

Allez ! Quelques films pour la télé et la vidéo : **Scanner cop II** de Steve Barnett – **Rencontre avec un vampire** de Jœl Bender (1992) – **Les Ailes de la nuit** de Mark Pavia (1997) d'après Stephen King – **Razor Blade**

Smile de Jake West (1998) – **Journal intime d'un vampire** de Ted Nicolaou (1998)

Dans la série Stargate SG1 il est souvent question de virus.
Exemple :
Maladies / virus
Hathor, une (très jolie) Goa'Uld distille un poison qui rend les hommes totalement soumis à elle (114 "Hathor")
Fléau lancé sur Terre par les Oris

Helix de Cameron Porsandeh, Ronald D. Moore (2014)
Série américaine. Deux saisons, 13 épisodes pour la première. Diffusée sur SyFy en premier.
Ils n'ont pas inventé la Lune ! Le même thème que *The Thing* : l'infection se répand dans une base polaire isolée de l'Arctique. Mélangé avec les thèmes de l'infection de *Resident Evil*.
Il y a deux sortes de malades : les « infectés » et les « vecteurs ». Ces derniers cherchent à transmettre leur maladie, ce sont en fait des zombies, les autres meurent décomposés... Mais ces zombies restent plus humains que les « vrais » zombies, ce qui a pour but, semble-t-il de les rendre plus terrifiants, mais je ne suis pas sûr que ce soit réussi.

Une équipe des CDC est envoyée pour contrôler et empêcher l'épidémie. Tâche difficile on s'en doute...
Chaque épisode relate les événements
d'une journée.
C'est très médical, biotechnologique.
« Le virus n'est pas notre pire problème ! »
S'exclame le directeur de l'équipe des CDC.
Tout le monde ou presque est à moitié mort
ou en voie de l'être...
C'est très grossier au niveau scénario. Par
exemple un soldat reçoit un coup de piolet
dans le ventre et est laissé abandonné sans
équipement à – 50°C dehors et s'en sort
quasiment indemne...
Série plus dégoûtante que passionnante.
Ce ne sont pas les histoires d'amour bateau
du héros qui vont la rendre plus intéres-
sante.

The Walking Dead de Franck Darabont
(2010)
L'espèce humaine a quasiment disparu.
Une épidémie de zombies a eu raison d'elle.
Quelques survivants se regroupent et lut-
tent pour survivre.
La série travaille sur les personnages dont
la psychologie est bien cernée. Les rapports
humains dans le groupe sont étudiés. Il y a
bien une espèce de simplification,

d'épuration du caractère de chacun, mais c'est pour mieux le comprendre.

« Le monde a changé ! Déclare l'un d'eux…

- Non ! Il n'a pas changé d'un poil, les faibles n'ont aucune chance. »

De plus il ne faut pas se fier aux apparences : les méchants ne sont pas toujours ceux qu'on croit.

Le phénomène zombie est également bien traité. Ils ne disent pas seulement que c'est une maladie, ils le montrent.

« Il n'y a pas d'espoir ! »

Les sentiments sont très présents : « Ce sont des choses qui ne se font pas : entrer tout d'un coup sans prévenir dans la vie de quelqu'un, lui faire éprouver de l'affection et puis filer à l'anglaise ! »

Il y a une scène où le personnage principal voit une zombie qui n'a plus ses jambes. Il l'observe et la suit quand elle se traîne sur la pelouse du parc. Puis il la tue par commisération. Il y a une espèce de voyeurisme dans cette scène, mais aussi, un reste d'humanité…

Cette série est superbe, bien loin de tous les clichés sur les zombies…

Dead Set de Charlie Brooker (2009)
1 saison 5 épisodes
Dans *Walking Dead*, l'action se déroule dans la campagne et dans les villes. Il est

difficile de progresser, car les zombies sont toujours là.

Ici, on joue sur le thème de l'enfermement. Des candidats d'une émission de téléréalité genre « le Loft » sont coincés dans le studio alors que dehors le monde se zombifie. Ils doivent faire face aux attaques des monstres affamés de chair humaine. De plus ils sont très rapides, très violents et impitoyables !

Moins fouillé, moins travaillé, mais aussi terrifiant !

Etc.

Table des matières